AF891440

Hauser/Grünauer-Leisenberger/Stock

ÄsthOpG

ÄsthOpG

Bundesgesetz
über die Durchführung
von ästhetischen Behandlungen
und Operationen

Kommentar

2., überarbeitete Auflage

Stand: 01.01.2025

von

Hon.-Prof. Prof. (FH) Mag. Dr. Werner Hauser

Dr.[in] Christina Grünauer-Leisenberger

Dr. Wolfgang Stock

NWV

Wien 2025

Bibliografische Information Der Deutschen Nationalbibliothek

Die Deutsche Nationalbibliothek verzeichnet diese Publikation in der Deutschen Nationalbibliografie; detaillierte bibliografische Daten sind im Internet über https://portal.dnb.de/opac.htm abrufbar.

ISBN 978-3-7083-4269-6 (Print)
ISBN 978-3-7083-4270-2 (eBook)
https://doi.org/10.37942/9783708342702
NWV im Verlag Österreich
Bäckerstraße 1
1010 Wien
Österreich
office@verlagoesterreich.at
www.verlagoesterreich.at/

Druck: Hantsch PrePress Services OG, Wien

Vorwort zur 2. Auflage

Mit 1. Jänner 2013 trat das Bundesgesetz über die Durchführung von ästhetischen Behandlungen und Operationen (ÄsthOpG) in Kraft. Damit wurde der Bereich der Schönheitschirurgie auf eine eigene gesetzliche Grundlage gestellt.

Die rasante Zunahme von Eingriffen ohne medizinische Indikation ist wohl auch eine Folge gesellschaftlicher Änderungen: Der moderne Mensch regelt nicht nur sein Leben in der „Multioptionsgesellschaft", sondern auch seinen Körper. Dieser dient schließlich dazu, um mit der Umwelt Kontakt aufnehmen zu können und spielt daher in der Beziehung zu anderen Menschen eine große Rolle. Daher erscheint es legitim, die äußere Erscheinung möglichst positiv gestalten zu wollen. Ein ästhetisches Aussehen wird mittlerweile von vielen Menschen nicht als biologische Gegebenheit, sondern als „persönliches Gestaltungs-Projekt" gesehen.

Die gesellschaftliche Entwicklung hat sich zum Teil auch von der bloßen Verschönerung des Körpers zu anderen Formen der „Körper-Modifikation" gewandelt. Neben den weiterhin bestehenden ästhetischen Gründen für Behandlungen und Operationen sind heute auch „Provokationsmotive" (Schockeffekt) zu beobachten. Insofern mag der Gesetzestitel vielleicht gar nicht mehr in allen Fällen der Realität entsprechen; dessen ungeachtet ist der vom Gesetz beabsichtigte Gesundheitsschutz aktueller denn je.

Denn vor allem auf Grund der enorm gestiegenen Eingriffsmöglichkeiten und -varianten im Wege der ästhetischen Chirurgie ergeben sich ganz neue Chancen zur Veränderung des Körpers, denen aber auch weitreichende Risken und Schäden – bis zur Lebensgefahr – gegenüberstehen (können). Vor diesem Hintergrund fokussiert das ÄsthOpG den vorbeugenden Schutz der Gesundheit und der körperlichen Unversehrtheit sowie den Schutz vor

Komplikationen und unerwünschten Folgen bei der Durchführung von Schönheitsoperationen.

Überdies enthält das ÄsthOpG eine Reihe von medizinrechtlichen Besonderheiten (wie etwa „Aufklärungsverschärfungen“, besondere Einwilligungserfordernisse, Schutz bestimmter Personengruppen, verpflichtende Ausstellung eines Operationspasses) und wettbewerbsrechtlichen Vorgaben (wie z.B. Qualifikationsregelungen, Bezeichnungsbeschränkungen, Werbebeschränkungen, Provisionsverbote, Verwaltungsstrafbestimmungen).

Im gegenständlichen Buch wird das ÄsthOpG umfassend erläutert, wobei im Zuge der 2. Auflage u.a. die einschlägigen Gesetzes-Novellen, das mittlerweile dazu vorliegende Schrifttum sowie die einschlägige Judikatur umfassend Berücksichtigung finden. Auch die unter Punkt IV. im Anhang (im relevanten Ausmaß auszugsweise) abgedruckten mit dem ÄsthOpG korrespondierenden Gesetze bzw. Verordnungen wurden aktualisiert und von *Dr. Wolfgang Stock* einer Kommentierung unterzogen.

Erfreulicherweise konnte für die Gestaltung der vorliegenden 2. Auflage des Werkes Frau *Dr. Christina Grünauer-Leisenberger* gewonnen werden, die die in der 1. Auflage von *Dr. Stock* besorgte Kommentierung der §§ 1 bis 7 ÄsthOpG mit großer fachlicher Kompetenz und Engagement übernommen hat.

An dieser Stelle bedanken sich die Autorin und Autoren des gegenständlichen Kommentars sehr herzlich bei Herrn *Mag. Gerald Muther* sowohl für die Anregung eine zweite Auflage zu gestalten als auch für die von ihm gemeinsam mit Herrn *Mag. Günter Milly* getragene ausgezeichnete verlagsseitige Betreuung. Frau *Silke Putzinger* gebührt ebenfalls ein herzliches Danke für die sorgfältige Durchführung der Fahnenkorrektur.

Graz, im Jänner 2025

Werner Hauser
Christina Grünauer-Leisenberger
Wolfgang Stock

Inhaltsverzeichnis

Abkürzungsverzeichnis

ÄAO 2015	Ärztinnen-/Ärzte-Ausbildungsordnung 2015 BGBl. II 147/2015 i.d.g.F.
ABGB	Allgemeines bürgerliches Gesetzbuch JGS 946 i.d.g.F.
Abl.	Amtsblatt
Abs.	Absatz
Anm.	Anmerkung
arg.	argumento
Art.	Artikel
ÄsthOpG	Bundesgesetz über die Durchführung von ästhetischen Behandlungen und Operationen BGBl. I 80/2012
ÄsthOp-VO	Verordnung der Österreichischen Ärztekammer über Qualifikationen und einen Operationspass für ästhetische Operationen vom 14.12.2012 i.d.F. vom 13.12.2019
ASVG	Allgemeines Sozialversicherungsgesetz BGBl. 189/1955 i.d.g.F.
AußStrG	Außerstreitgesetz BGBl. I 111/2003 i.d.g.F.
Bd.	Band
BGBl.	Bundesgesetzblatt
B-KUVG	Beamten-Kranken- und Unfallversicherungsgesetz BGBl. 200/1967 i.d.g.F.
Blg.	Beilage(n)
BMG	Bundesministeriengesetz BGBl. 76/1986 i.d.g.F.
BSVG	Bauern-Sozialversicherungsgesetz BGBl. 559/1978 i.d.g.F.
B-VG	Bundes-Verfassungsgesetz BGBl. 1/1930 i.d.g.F.
bzw.	beziehungsweise
DAG	„Österreichische Zeitschrift für das ärztliche Gutachten"
ders.	der-/die-/dasselbe
DSG	Datenschutzgesetz 2000 BGBl. I 165/1999 i.d.g.F.
DSGVO	Datenschutz-Grundverordnung VO (EU) 2016/679 vom 27.04.2016
ecolex	„Fachzeitschrift für Wirtschaftsrecht"
EF-Z	„Zeitschrift für Familien- und Erbrecht"
Erg.-Lfg.	Ergänzungslieferung

ErläutRV	Erläuterungen zur Regierungsvorlage
ErwSchG	Erwachsenenschutz-Gesetz (BGBl. I 59/2017; im Zuge dieser Novelle wurde u.a. das 6. Hauptstück des ABGB [„Von der Vorsorgevollmacht und der Erwachsenenvertretung“] umfassend novelliert)
e.V.	eingetragener Verein
ff.	fortfolgende, -r
FN	Fußnote
gem.	gemäß
GmbH	Gesellschaft mit beschränkter Haftung
GmbHG	Gesetz über die Gesellschaft mit beschränkter Haftung RGBl. 58/1906 i.d.g.F.
GP.	Gesetzgebungsperiode
GSVG	Gewerbliches Sozialversicherungsgesetz BGBl. 560/1978 i.d.g.F.
GZ	Geschäftszahl
Hg.	Herausgeber/in
i.d.F.	in der Fassung
i.d.g.F.	in der geltenden Fassung
i.d.R.	in der Regel
i.S.d.	im Sinne des/der
i.S.v.	im Sinne von
i.V.m.	in Verbindung mit
JABl	„Amtsblatt der Justizverwaltung“
JBl	„Juristische Blätter“
JGS	Justizgesetzsammlung
JMG	„Journal für Medizin- und Gesundheitsrecht“
Juridikum	„Zeitschrift für Kritik/Recht/Gesellschaft“
KAKuG	Kranken- und Kuranstaltengesetz BGBl. 1/1957 i.d.g.F.
Kind-RÄG	Kindschaftsrechts- Änderungsgesetz 2001 BGBl. I 135/2000
LS	Leitsatz
ME	Ministerialentwurf
MedizinprodukteVO	Verordnung (EU) 745/2017 des Europäischen Parlaments und des Rates vom 05.04.2017 über Medizinprodukte
MedR	„Medizinrecht“

MPBV	Medizinproduktebetreiberverordnung BGBl. II 70/2007 i.d.g.F.
MPG	Medizinproduktegesetz BGBl. 657/1996 (außer Kraft)
MPG 2021	Medizinproduktegesetz 2021 BGBl. I 122/2021 i.d.g.F.
MR	„Medien und Recht“
m.w.N.	mit weiteren Nachweisen
NÄG	Namensänderungsgesetz BGBl. 195/1988
NR	Nationalrat
Nr.	Nummer
ÖBl	„Österreichische Blätter für gewerblichen Rechtsschutz und Urheberrecht“
OGH	Oberster Gerichtshof
ÖJZ	„Österreichische Juristen-Zeitung“
Pkt.	Punkt
PStG	Personenstandsgesetz BGBl. I 16/2013 i.d.g.F.
RdM	„Recht der Medizin“
RdW	„Recht der Wirtschaft“
RGBl.	Reichsgesetzblatt
RH	Rechnungshof
RIS	Rechtsinformationssystem
RL	Richtlinie
RL/Arzt und Öffentlichkeit	Richtlinie „Arzt und Öffentlichkeit“ vom 27.06.2014 i.d.F. vom 14.12.2018
Rs.	Rechtssache
Rz.	Randzahl
RZ	„Österreichische Richterzeitung“
s.	siehe
Slg.	Sammlung
StGB	Strafgesetzbuch BGBl. 60/1974 i.d.g.F.
SZ	„Entscheidungen des österreichischen Obersten Gerichtshofes in Zivil- und (Justizverwaltungs-)sachen“
u.a.	unter andere/unter anderem
UbG	Unterbringungsgesetz BGBl. 155/1990 i.d.g.F.
UGB	Unternehmensgesetzbuch (früher: Handelsgesetzbuch) dRGBl. 219/1897 i.d.g.F.
UStG	Umsatzsteuergesetz BGBl. 663/1994 i.d.g.F.

UWG	Bundesgesetz gegen den unlauteren Wettbewerb BGBl. 448/1994 i.d.g.F.
VfGH	Verfassungsgerichtshof
vgl.	vergleiche
wbl	„Wirtschaftsrechtliche Blätter“
WR-ÖZÄK	Werberichtlinien gemäß § 35 Abs. 5 Zahnärztegesetz i.d.F. vom 11.12.2015
WV	Wiederverlautbarung
Z	Ziffer
ZÄG	Zahnärztegesetz BGBl. I 126/2005 i.d.g.F.
ZÄK	Zahnärztekammer
ZÄKG	Zahnärztekammergesetz BGBl. I 154/2005 i.d.g.F.
z.B.	zum Beispiel
zust.	zustimmend

I. Bundesgesetz über die Durchführung von ästhetischen Behandlungen und Operationen – ÄsthOpG

BGBl. I 80/2012 (NR: GP XXIV RV1807 AB 1822 S. 167. BR: 8763 AB 8784 S. 812)

i.d.F.:
BGBl. I 120/2016 (NR: GP XXV RV 1345 AB 1388 S. 157. BR: 9714 S. 863)
BGBl. I Nr. 37/2018 (NR: GP XXVI RV 108 AB 139 S. 23. BR: 9967 AB 9970 S. 880)
BGBl. I Nr. 59/2018 (NR: GP XXVI RV 191 AB 231 S. 36. BR: 10001 AB 10017 S. 883)

Ziel und Geltungsbereich

§ 1. (1) Dieses Bundesgesetz dient dem vorbeugenden Schutz der Gesundheit und körperlichen Unversehrtheit von Patientinnen (Patienten) sowie dem Schutz vor Komplikationen und unerwünschten Folgen bei der Durchführung von ästhetischen Behandlungen und Operationen ohne medizinische Indikation.

(2) Ästhetische Behandlungen und Operationen ohne medizinische Indikation sind dann von diesem Bundesgesetz erfasst, wenn sie ärztliche Tätigkeiten gemäß § 2 Abs. 2 Ärztegesetz 1998, BGBl. I Nr. 169/1998, sind und dürfen diesfalls vorbehaltlich Abs. 3 und 4 nur nach Maßgabe dieses Bundesgesetzes durchgeführt werden.

(3) Auf Tätigkeiten, für die die Gewerbeordnung 1994, BGBl. I Nr. 194/1994, gilt, ist dieses Bundesgesetz nicht anzuwenden.

(4) Auf Tätigkeiten, für die das Zahnärztegesetz, BGBl. I Nr. 126/2005, gilt, ist dieses Bundesgesetz nicht anzuwenden.

Allgemeines

§ 2. Soweit in diesem Bundesgesetz auf Bestimmungen anderer Bundesgesetze verwiesen wird, sind diese in ihrer jeweils geltenden Fassung anzuwenden.

Verarbeitung personenbezogener Daten

§ 2a. (1) Personenbezogene Daten dürfen nach diesem Bundesgesetz nur zu Zwecken, die in diesem Bundesgesetz festgelegt sind, unter Einhaltung der Verordnung (EU) 2016/679 zum Schutz natürlicher Personen bei der Verarbeitung personenbezogener Daten, zum freien Datenverkehr und zur Aufhebung der Richtlinie 95/46/EG (Datenschutz-Grundverordnung), ABl. Nr. L 119 vom 4.5.2016 S. 1, und des Datenschutzgesetzes (DSG), BGBl. I Nr. 165/1999, verarbeitet werden.

(2) Hinsichtlich der Verarbeitung personenbezogener Daten gemäß Abs. 1 sind die Rechte und Pflichten gemäß Art. 13, 14, 18 und 21 Datenschutz-Grundverordnung ausgeschlossen.

(3) Werden Daten gemäß Abs. 1 zu wissenschaftlichen oder historischen Forschungszwecken oder statistischen Zwecken weiterverarbeitet, hat die Weiterverarbeitung in pseudonymisierter Form zu erfolgen, wenn auf diese Weise die Zwecke erreicht werden können. Soweit der Personenbezug für die Verwirklichung des Zwecks unerlässlich ist, dürfen die Rechte der Betroffenen gemäß Art. 15, 16, 18 und 21 Datenschutz-Grundverordnung vom Verantwortlichen insofern ausgeschlossen werden, als diese Rechte die Verwirklichung der spezifischen Zwecke unmöglich machen oder ernsthaft beeinträchtigen würden.

Begriffsbestimmungen

§ 3. (1) Im Sinne dieses Bundesgesetzes bedeuten die Begriffe:

1. „Ästhetische Operation" (ästhetische Chirurgie, ästhetisch-chirurgischer Eingriff, kosmetische Chirurgie, kosmetische Operation, Schönheitschirurgie, Schönheitsoperation): eine operativ-chirurgische Behandlung zur Herbeiführung einer subjektiv wahrgenommenen Verbesserung des optischen Aussehens oder der Verschönerung des menschlichen Körpers oder der ästhetischen Veränderung des körperlichen Aussehens einschließlich der Behandlung altersbedingter äußerlicher Veränderungen des Körpers ohne medizinische Indikation;
2. „Ästhetische Behandlung": eine Behandlung mit anderen als operativ-chirurgischen Methoden wie insbesondere mittels Arzneimitteln und minimal-invasiver Methoden zur Herbeiführung einer subjektiv wahrgenommenen Verbesserung des optischen Aussehens oder der Verschönerung des menschlichen Körpers oder der ästhetischen Veränderung des körperlichen Aussehens einschließlich der Behandlung altersbedingter äußerlicher Veränderungen des Körpers ohne medizinische Indikation;
3. „Eingriff": eine ästhetische Operation;
4. „Medizinische Indikation": ein auf aktuellen medizinisch-wissenschaftlichen Erkenntnissen beruhender Grund, eine ästhetische Behandlung oder Operation durchzuführen. Sie liegt vor, wenn die ästhetische Behandlung oder Operation unter Berücksichtigung der Lebensverhältnisse der Patientin (des Patienten) nach objektiven Kriterien notwendig ist, um Lebensgefahr oder die Gefahr einer Beeinträchtigung des Gesundheitszustands der Patientin (des Patienten) abzuwenden oder einen anatomischen oder funktionellen Krankheitszustand zu beseitigen und

die Gefahr oder der Krankheitszustand nicht auf eine gelindere für die Patientin (den Patienten) zumutbare Weise abgewendet oder beseitigt werden kann.

(2) Die Tätigkeiten des Piercens und Tätowierens fallen nicht unter die Begriffe „ästhetische Operation", „ästhetische Behandlung" und „Eingriff" gemäß Abs. 1 Z 1 bis 3.

Qualifikation

§ 4. (1) Ästhetische Operationen im Sinne des § 3 Abs. 1 Z 1 sind jedenfalls Auflagerungsplastik, Bauchstraffung (Abdominoplastik), Brauenkorrektur, Bruststraffung (Mastopexie), Brustvergrößerung (Mammaaugmentation) und Brustverkleinerung (Mammareduktion), Eigenfetttransfer (Lipofilling), Facelift (Rhytidektomie), Fettabsaugung (Liposuction), Gesäß-Modellierung, Gesichtsimplantate, Halslift, Kinnplastik (Genioplastik), Körperstraffung (Bodylift), Korrektur abstehender Ohren (Otoplastik), Lippenvergrößerung und Lippenaufpolsterung (Lippenaugmentation), Nasenkorrektur (Rhinoplastik), Oberarmstraffung (Brachioplastik), Oberlidkorrektur und Unterlidkorrektur (Blepharoplastik), Oberschenkelstraffung (Dermolipektomie), Penisvergrößerung, Stirnlift, Vaginoplastik und Labienplastik.

(2) Ästhetische Behandlungen im Sinne des § 3 Abs. 1 Z 2 sind als ärztliche Tätigkeiten gemäß § 2 Abs. 2 Ärztegesetz 1998 jedenfalls Anwendungen von Arzneimitteln wie insbesondere Botulinumtoxin sowie physikalische Anwendungen wie insbesondere Photorejuvenation (Laser Skin Resurfacing, Laserpeeling, Faltenlaserung, Thermage und vergleichbare Anwendungen), wobei die Ausnahme für solche Tätigkeiten, die aufgrund der Gewerbeordnung 1994 erbracht werden, unberührt bleibt (§ 1 Abs. 3).

(3) Eine ästhetische Operation darf von folgenden Ärztinnen (Ärzten) durchgeführt werden:

1. zur selbständigen Berufsausübung berechtigte Fachärztinnen (Fachärzte) für Plastische, Ästhetische und Rekonstruktive Chirurgie,

2. weitere zur selbständigen Berufsausübung berechtigte Fachärztinnen (Fachärzte) unter Berücksichtigung des § 31 Abs. 3 Ärztegesetz 1998, soweit sie durch Verordnung der Österreichischen Ärztekammer gemäß Abs. 5 Z 2 dazu berechtigt sind, und
3. zur selbständigen Berufsausübung berechtigte Ärztinnen (Ärzte) für Allgemeinmedizin, soweit sie hinsichtlich bestimmter Eingriffe über eine Anerkennung durch die Österreichische Ärztekammer verfügen. Diese Anerkennung setzt den Nachweis von Ärztinnen (Ärzten) gemäß Z 1 und 2 gleichwertigen Kenntnissen, Erfahrungen und Fertigkeiten voraus.

Sonstigen Ärztinnen (Ärzten) ist die Durchführung ästhetischer Operationen vorbehaltlich Abs. 4 verboten.

(4) Turnusärztinnen (Turnusärzte) sind zur Durchführung ästhetischer Behandlungen und Operationen nur im Zusammenhang mit ihrer Ausbildung zur Ärztin für Allgemeinmedizin (zum Arzt für Allgemeinmedizin) oder zur Fachärztin (zum Facharzt) im Rahmen des § 3 Abs. 3 Ärztegesetz 1998 berechtigt.

(5) Die Österreichische Ärztekammer hat im übertragenen Wirkungsbereich durch Verordnung gemäß § 117c Abs. 2 Z 10 Ärztegesetz 1998 Bestimmungen über

1. weitere über Abs. 1 hinausgehende ästhetische Operationen,
2. weitere Fachärztinnen (Fachärzte), die unter Berücksichtigung des § 31 Abs. 3 Ärztegesetz 1998 zur Durchführung bestimmter ästhetischer Operationen im Sinne dieses Bundesgesetzes berechtigt sind (Abs. 3 Z 2), und
3. die von Ärztinnen (Ärzten) für Allgemeinmedizin nachzuweisenden gleichwertigen Kenntnisse, Erfahrungen und Fertigkeiten, die diese zur Durchführung bestimmter ästhetischer Operationen im Sinne dieses Bundesgesetzes berechtigen (Abs. 3 Z 3), einschließlich des Verfahrens zur Anerkennung der entsprechenden Nachweise bei Gleichwertigkeit ent-

sprechend den Grundsätzen des § 14 Abs. 5 und 6 Ärztegesetz 1998, jedoch unbeschadet der Zuständigkeit des Präsidenten der Österreichischen Ärztekammer,

zu erlassen.

(6) Die Österreichische Ärztekammer hat im eigenen Wirkungsbereich nach Meldung der gemäß Abs. 3 berechtigten Ärztinnen (Ärzte) auf ihrer Website für Patientinnen (Patienten) gut sichtbar und allgemein zugänglich zu verlautbaren:

1. jene Fachärztinnen (Fachärzte) für Plastische, Ästhetische und Rekonstruktive Chirurgie, die ästhetische Operationen im Sinne dieses Bundesgesetzes durchführen,
2. jene Fachärztinnen (Fachärzte) gemäß Abs. 5 Z 2, die zur Durchführung bestimmter ästhetischer Operationen berechtigt sind, einschließlich der diesen zugeordneten ästhetischen Operationen sowie
3. jene Ärztinnen (Ärzte) für Allgemeinmedizin, die auf Grund nachgewiesener gleichwertiger Kenntnisse, Erfahrungen und Fertigkeiten gemäß Abs. 5 Z 3 zur Durchführung bestimmter ästhetischer Operationen berechtigt sind.

(7) Ärztinnen (Ärzte) gemäß Abs. 3 sind verpflichtet, zur Information über die neuesten Entwicklungen und Erkenntnisse der medizinischen Wissenschaft im Bereich der von ihnen angebotenen und durchgeführten ästhetischen Behandlungen und Operationen spezielle fachspezifische Fortbildungen zu absolvieren. Näheres ist von der Österreichischen Ärztekammer durch Verordnung gemäß § 117b Abs. 2 Z 9 lit. a Ärztegesetz 1998 zu bestimmen.

(8) Die Patientin (Der Patient) ist von der behandelnden Ärztin (vom behandelnden Arzt) über deren (dessen) berufsrechtliche Qualifikation gemäß Abs. 3 und auf Nachfrage über die von dieser (diesem) absolvierten fachspezifischen Fortbildungen zu informieren.

(9) Das Anführen eines Hinweises

1. „Ästhetische Chirurgie“ und
2. „Ästhetische Medizin“

ist ausschließlich Ärztinnen (Ärzten) gemäß Abs. 3 entsprechend der jeweiligen berufsrechtlichen Qualifikation erlaubt. Die Verwendung sonstiger Hinweise im Zusammenhang mit dem Anbieten oder der Durchführung von ästhetischen Operationen im Sinne des § 3 Abs. 1 Z 1 ist unzulässig.

Ärztliche Aufklärung

§ 5. (1) Die Ärztin (Der Arzt) hat vor der Durchführung einer ästhetischen Operation die Patientin (den Patienten) klar und verständlich über

1. die Methode des Eingriffs,
2. Wesen, Bedeutung und Tragweite des Eingriffs,
3. im Rahmen des Eingriffs angewendete Arzneimittel und deren Nebenwirkungen sowie Medizinprodukte einschließlich Implantate und deren Funktionsfähigkeit und Lebensdauer,
4. alternative Behandlungsmöglichkeiten,
5. das in Aussicht gestellte Ergebnis des Eingriffs und möglicher Abweichungen,
6. mit dem Eingriff verbundene Unannehmlichkeiten, mögliche Folgen, wie Narbenbildung, und Komplikationen einschließlich der Beeinträchtigung von Organfunktionen, allenfalls unter Zuhilfenahme von beispielhaften Fotografien, sowie deren Behandlungsmöglichkeiten,
7. die erforderliche Nachbehandlung einschließlich der voraussichtlichen Dauer der Arbeitsunfähigkeit und mögliche Spätfolgen, allfällig erforderliche Nachfolgeoperationen einschließlich den Hinweis, dass diese Unfähigkeit der Arbeitsaufnahme als keine Arbeitsunfähigkeit im sozialversicherungs- und arbeitsrechtlichen Sinn gelten könnte,
8. sämtliche bekannte Gefahren des Eingriffs und

9. sämtliche im Zusammenhang mit dem Eingriff stehende Kosten einschließlich zu erwartender Folgekosten (Abs. 6 bis 9)

umfassend mündlich und schriftlich in einer für medizinische Laiinnen (Laien) verständlichen Sprache aufzuklären. Ein allfälliger Verzicht auf diese ärztliche Aufklärung ist rechtsunwirksam.

(2) Entsteht im Rahmen der ärztlichen Aufklärung der Verdacht, dass bei der Patientin (dem Patienten) eine krankheitswertige psychische Störung vorliegt, deren Folge der Wunsch nach der ästhetischen Operation ist, so ist von der behandelnden Ärztin (vom behandelnden Arzt) vor Durchführung des Eingriffs eine Abklärung allfälliger psychischer Störungen einschließlich Beratung durch eine klinische Psychologin (einen klinischen Psychologen) oder eine Fachärztin (einen Facharzt) für Psychiatrie und Psychotherapeutische Medizin zu veranlassen.

(3) In den Fällen des § 7 sind zusätzlich die Erziehungsberechtigten oder erforderlichenfalls die gesetzliche Vertreterin (der gesetzliche Vertreter) gemäß § 1034 ABGB im Sinne des Abs. 1 aufzuklären.

(4) Die erfolgte ärztliche Aufklärung ist schriftlich in gut lesbarer Form zu dokumentieren und von der Patientin (dem Patienten) sowie in den Fällen des § 7 zusätzlich von den Erziehungsberechtigten oder erforderlichenfalls der gesetzlichen Vertreterin (dem gesetzlichen Vertreter) gemäß § 1034 ABGB durch deren (dessen) Unterschrift zu bestätigen.

(5) Die Ärztin (Der Arzt) hat im Rahmen ihrer (seiner) Dokumentationspflicht eine Fotodokumentation über

1. den Status vor dem geplanten Eingriff und
2. das Ergebnis des durchgeführten Eingriffs

anzulegen.

(6) Im Rahmen der ärztlichen Aufklärung über die Kosten der ästhetischen Operation (Abs. 1 Z 9) ist die Patientin (der Patient) insbesondere auch darüber zu informieren, dass die Behandlungskosten nicht von einem inländischen

Träger der Sozialversicherung oder der Krankenfürsorge übernommen werden und dass diese von der Patientin (vom Patienten) zu tragen sind.

(7) Die ärztliche Aufklärung über die von der Patientin (vom Patienten) zu tragenden Kosten der ästhetischen Operation (Abs. 1 Z 9) hat in Form eines schriftlichen Kostenplans zu erfolgen, sofern

1. im Hinblick auf die Art und den Umfang der Behandlung wesentliche Kosten (Abs. 8) anfallen,
2. die Kosten die in der jeweils geltenden privatärztlichen Honorarordnung der entsprechenden Ärztekammer festgelegte Honorarhöhe übersteigen oder
3. dies die Patientin (der Patient) verlangt.

(8) Wesentliche Kosten im Sinne des Abs. 7 Z 1 sind 70% der von Statistik Austria gemäß volkswirtschaftlicher Gesamtrechnung laut ESVG 1995 ermittelten Nettolöhne und Gehälter, nominell, monatlich je Arbeitnehmerin (Arbeitnehmer). Die Österreichische Ärztekammer hat im übertragenen Wirkungsbereich die wesentlichen Kosten ein Mal jährlich bis längstens 1. Oktober jeden Jahres auf ihrer Website auszuweisen.

(9) Die Ärztin (Der Arzt) hat gegebenenfalls die Inhalte der jeweils geltenden privatärztlichen Honorarordnung der entsprechenden Ärztekammer in einer für die Patientinnen (Patienten) gut sichtbaren Form zugänglich zu machen und eine schriftliche Ausfertigung der Patientin (dem Patienten) auszuhändigen.

Einwilligung

§ 6. (1) Eine ästhetische Operation darf nur durchgeführt werden, wenn die Patientin (der Patient) nach umfassender ärztlicher Aufklärung (§ 5) ihre (seine) Einwilligung nachweislich dazu erteilt hat. Bei einer ästhetischen Operation ist überdies eine Frist von zumindest zwei Wochen zwischen der abgeschlossenen ärztlichen Aufklärung und der Einwilligung einzuhalten. Der Bundesminister für

Gesundheit kann durch Verordnung für Personen ohne Wohnsitz in Österreich, die nur zum Zweck der Vornahme einer ästhetischen Operation nach Österreich einreisen, eine kürzere Frist, die zumindest eine Woche zu betragen hat, bestimmen. Dabei ist auf den mit der Reise verbundenen Aufwand, insbesondere die Wegstrecke, Bedacht zu nehmen.

(2) Die Einwilligung der Patientin (des Patienten) gemäß Abs. 1 ist schriftlich zu dokumentieren. Die Einwilligung muss datiert und mit der Unterschrift der Patientin (des Patienten) und der behandelnden Ärztin (des behandelnden Arztes) versehen werden. Sofern die Patientin (der Patient) dazu nicht in der Lage ist, muss die Einwilligung vor einer (einem) von der Patientin (dem Patienten) beizustellenden unabhängigen Zeugin (Zeugen) abgegeben werden, die (der) die Einwilligung durch ihre (seine) Unterschrift zu bestätigen hat. Eine Kopie der unterfertigten schriftlichen ärztlichen Aufklärungs- und Einwilligungsunterlagen ist der Patientin (dem Patienten) auszuhändigen.

(3) Eine ästhetische Operation darf frühestens an dem, dem Tag des Vorliegens der gemäß Abs. 1 und 2 zu erteilenden Einwilligung folgenden Tag, erfolgen.

Besonderer Schutz bestimmter Personengruppen

§ 7. (1) Eine ästhetische Behandlung oder Operation an Personen, die das 16. Lebensjahr noch nicht vollendet haben, ist unzulässig.

(2) Eine ästhetische Behandlung oder Operation darf an Personen, die das 16. Lebensjahr vollendet und das 18. Lebensjahr noch nicht vollendet haben, nur durchgeführt werden, wenn

1. die Einwilligung durch die Erziehungsberechtigten nach entsprechender umfassender ärztlicher Aufklärung gemäß § 5 nachweislich und schriftlich gemäß

§ 6 Abs. 2 erteilt wurde und
2. die Einwilligung durch die Patientin (den Patienten), die (der) nach entsprechender umfassender ärztlicher Aufklärung (§ 5) in der Lage ist, Wesen, Bedeutung, Tragweite und Risiken der ästhetischen Behandlung oder Operation einzusehen und ihren (seinen) Willen danach zu bestimmen, nachweislich und schriftlich gemäß § 6 Abs. 2 erteilt wurde.

Bei einer ästhetischen Operation hat zusätzlich vor Durchführung des Eingriffs nachweislich eine Abklärung allfälliger psychischer Störungen einschließlich Beratung durch eine klinische Psychologin (einen klinischen Psychologen), eine Fachärztin (einen Facharzt) für Psychiatrie und Psychotherapeutische Medizin oder eine Fachärztin (einen Facharzt) für Kinder- und Jugendpsychiatrie zu erfolgen. Das Vorliegen einer krankheitswertigen psychischen Störung schließt die Durchführung des Eingriffs aus, sofern im Rahmen der erfolgten Abklärung festgestellt wurde, dass der Wunsch nach dem Eingriff Folge dieser Störung ist.

(3) Eine ästhetische Behandlung oder Operation darf an Personen, die infolge einer psychischen Krankheit oder einer vergleichbaren Beeinträchtigung in ihrer Entscheidungsfähigkeit zur Vertretung hinsichtlich medizinischer Behandlungen eine gesetzliche Vertreterin (einen gesetzlicher Vertreter) haben, nur dann durchgeführt werden, wenn die Einwilligung durch die Patientin (den Patienten), sofern sie (er) nach entsprechender umfassender ärztlicher Aufklärung (§ 5) in der Lage ist, Wesen, Bedeutung, Tragweite und Risiken der ästhetischen Behandlung oder Operation einzusehen und ihren (seinen) Willen danach zu bestimmen, nachweislich und schriftlich gemäß § 6 Abs. 2 erteilt wurde. Ist die Patientin (der Patient) nicht entscheidungsfähig, so ist die Einwilligung durch die gesetzliche Vertreterin (den gesetzlichen Vertreter) nach entsprechender umfassender ärztlicher Aufklärung (§ 5) nachweislich und schriftlich zu erteilen.

(4) Wird die Einwilligung durch Personen, die das 16. Lebensjahr vollendet und das 18. Lebensjahr noch nicht vollendet haben, oder die infolge einer psychischen Krankheit oder einer vergleichbaren Beeinträchtigung in ihrer Entscheidungsfähigkeit zur Vertretung hinsichtlich medizinischer Behandlungen eine gesetzliche Vertreterin (einen gesetzlicher Vertreter) haben, bis spätestens eine Woche vor dem Behandlungs- oder Operationstermin widerrufen, so darf der Patientin (dem Patienten) dadurch kein finanzieller Nachteil entstehen.

(5) Eine ästhetische Behandlung oder Operation an Personen, die das 16. Lebensjahr vollendet und das 18. Lebensjahr noch nicht vollendet haben, oder die infolge einer psychischen Krankheit oder einer vergleichbaren Beeinträchtigung in ihrer Entscheidungsfähigkeit zur Vertretung hinsichtlich medizinischer Behandlungen eine gesetzliche Vertreterin (einen gesetzlicher Vertreter) haben, darf frühestens vier Wochen nach Vorliegen der zu erteilenden Einwilligungen (Abs. 2 und 3) durchgeführt werden.

Werbebeschränkung und Provisionsverbot

§ 8. (1) Die Ärztin (Der Arzt) hat sich im Zusammenhang mit der Durchführung ästhetischer Behandlungen oder Operationen jeder diskriminierenden, unsachlichen, unwahren oder das Standesansehen beeinträchtigenden Anpreisung, Werbung oder der Selbstanpreisung durch reklamehaftes Herausstellen ihrer (seiner) Person oder ihrer (seiner) Leistungen zu enthalten. Fachliche Informationen über eigene Tätigkeitsgebiete einschließlich Hinweise auf wissenschaftliche Arbeiten stellen keine Werbung im Sinne dieses Bundesgesetzes dar.

(2) Für ästhetische Behandlungen oder Operationen im Sinne dieses Bundesgesetzes darf insbesondere nicht geworben werden:

1. mit Angaben, dass die ästhetische Behandlung oder Operation ärztlich, zahnärztlich oder anderweitig fach-

lich empfohlen oder geprüft ist oder angewendet wird,
2. mit Hinweisen auf die besondere Preisgünstigkeit der ästhetischen Behandlung oder Operation oder dem Anbieten kostenloser Beratungsgespräche,
3. durch Werbevorträge,
4. mit Werbemaßnahmen, die sich ausschließlich oder überwiegend an Minderjährige richten und
5. mit Preisausschreiben, Spielen, Verlosungen oder vergleichbaren Verfahren.

Bei der Verwendung von Fotografien, die mittels Bildbearbeitungsprogrammen verändert wurden, sind diese als verändert und nicht der Realität entsprechend zu kennzeichnen.

(3) Die Ärztin (Der Arzt) darf sich oder einer (einem) Anderen keine Vergütungen für die Zuweisung von Patientinnen (Patienten) an sie (ihn) oder durch sie (ihn) versprechen, geben, nehmen oder zusichern lassen. Rechtsgeschäfte, die gegen dieses Verbot verstoßen, sind nichtig. Leistungen aus solchen Rechtsgeschäften können zurückgefordert werden.

(4) Die Vornahme der gemäß Abs. 1 bis 3 verbotenen Tätigkeiten ist auch Gruppenpraxen gemäß § 52a Ärztegesetz 1998 sowie sonstigen physischen und juristischen Personen untersagt.

(5) Die Anpreisung oder Werbung im Sinne der Abs. 1 und 2 durch ein Unternehmen mit Sitz außerhalb des Geltungsbereichs dieses Gesetzes ist unzulässig.

(6) Die Abs. 1 und 2 sind auch auf die entgeltliche Vermittlung von ästhetischen Behandlungen oder Operationen durch Dritte anzuwenden.

(7) Die Österreichische Ärztekammer, die Ärztekammern in den Bundesländern und die gesetzlich eingerichteten Patientenvertretungen sind berechtigt, Ansprüche auf Unterlassung wettbewerbswidrigen Verhaltens (insbesondere gemäß § 14 des Bundesgesetzes gegen den unlauteren Wettbewerb 1984 – UWG, BGBl. Nr. 448/1984) vor den Gerichten geltend zu machen.

Operationspass

§ 9. (1) Für jede Patientin (jeden Patienten), an der (dem) beabsichtigt ist, eine oder mehrere ästhetische Operationen durchzuführen, ist im Rahmen der ersten ärztlichen Konsultation ein Operationspass anzulegen.

(2) Der Operationspass gemäß Abs. 1 hat insbesondere folgende Angaben zu enthalten:

1. Vornamen und Familienname, Geburtsdatum und gegebenenfalls Sozialversicherungsnummer der Patientin (des Patienten),
2. Name und Qualifikation (§ 4 Abs. 3) der behandelnden Ärztin (des behandelnden Arztes),
3. Datum und Grund der ersten sowie aller folgenden ärztlichen Konsultationen sowie gegebenenfalls der Abklärung gemäß § 5 Abs. 2 oder § 7 Abs. 2,
4. Datum der ästhetischen Operation,
5. Art der ästhetischen Operation und
6. gegebenenfalls Bezeichnung, Art und Typ, Loscode oder Seriennummer des Implantats samt Name und Anschrift des Herstellers und des Vertreibers.

(3) Die Österreichische Ärztekammer hat im übertragenen Wirkungsbereich durch Verordnung gemäß § 117c Abs. 2 Z 10 Ärztegesetz 1998 nähere Bestimmungen über Form und Inhalt des Operationspasses zu erlassen.

(4) Die Eintragungen im Operationspass sind von der behandelnden Ärztin (dem behandelnden Arzt) mit ihrer (seiner) Unterschrift zu bestätigen.

(5) Der Operationspass ist der Patientin (dem Patienten) nach der ersten ärztlichen Konsultation zu übergeben. Die Übergabe des Operationspasses an die Patientin (den Patienten) ist von der Ärztin (dem Arzt) schriftlich zu dokumentieren und von der Patientin (dem Patienten) durch ihre (seine) Unterschrift zu bestätigen.

(6) Jede weitere ärztliche Konsultation und durchgeführte ästhetische Operation ist in der Folge ebenfalls in dem von der Patientin (dem Patienten) vorzulegenden Opera-

tionspass von der Ärztin (dem Arzt) schriftlich zu dokumentieren und von der Patientin (dem Patienten) durch ihre (seine) Unterschrift zu bestätigen. Abs. 2 Z 2 bis 6 ist anzuwenden.

(7) Hinsichtlich Personen gemäß § 7 ist auch für ästhetische Behandlungen ein Operationspass anzulegen. Abs. 1 bis 6 sind anzuwenden.

Information des Krankenversicherungsträgers

§ 10. Bei Verdacht, dass eine fehlerhaft durchgeführte ästhetische Behandlung oder Operation im Sinne dieses Bundesgesetzes zu einer Erkrankung oder sonstigen Komplikation geführt hat, haben nachbehandelnde Ärztinnen (Ärzte), die die ästhetische Behandlung oder Operation durchgeführt haben, sowie sonstige nachbehandelnde Ärztinnen (Ärzte) die entsprechenden Informationen an den gesetzlichen Krankenversicherungsträger, die Krankenfürsorgeanstalt oder den gesetzlichen Pensionsversicherungsträger zur Prüfung eines allfälligen Regressanspruches zu übermitteln, sofern es sich bei der Nachbehandlung um eine sozialversicherungsrechtlich erstattungsfähige Leistung handelt.

Strafbestimmungen

§ 11. (1) Wer einer oder mehreren in den §§ 4, 5, 6, 7, 8, 9 Abs. 1 und 4 bis 6 sowie § 10 enthaltenen Anordnungen oder Verboten zuwider handelt, begeht, sofern die Tat nicht den Tatbestand einer in die Zuständigkeit der Gerichte fallenden strafbaren Handlung bildet, eine Verwaltungsübertretung und ist mit einer Geldstrafe bis zu 15 000 Euro zu bestrafen. Der Versuch ist strafbar.

(2) Sofern

1. aus der Tat gemäß Abs. 1 eine schwerwiegende Gefahr für Leib und Leben oder die Gesundheit eines Menschen entstanden ist oder

2. die Täterin (der Täter) bereits zwei Mal wegen einer Verwaltungsübertretung gemäß Abs. 1 bestraft worden ist,

ist die Täterin (der Täter) mit einer Geldstrafe bis zu 25 000 Euro zu bestrafen.

Übergangsbestimmung

§ 12. (1) Vor Inkrafttreten dieses Bundesgesetzes begonnene oder vertraglich vereinbarte ästhetische Behandlungen und Operationen, die im Zeitpunkt des Inkrafttretens noch nicht abgeschlossen sind, sowie in unmittelbarem Zusammenhang mit diesem Eingriff stehende unbedingt erforderliche Nachbehandlungen sind von der Anwendung dieses Bundesgesetzes ausgenommen.

(2) Nachweisverfahren gemäß § 4 Abs. 3 Z 3 betreffend Ärztinnen (Ärzte) für Allgemeinmedizin, die bereits vor dem 1. Jänner 2013 ästhetische Operationen vorgenommen haben, sind bis längstens 1. Juli 2013 abzuschließen. Entsprechende Anträge können bereits vor Inkrafttreten dieses Gesetzes, längstens aber bis zum Ablauf des 31. Jänner 2013 gestellt werden. Bis zum Abschluss dieses Verfahrens ist die jeweilige Ärztin (der jeweilige Arzt) berechtigt, die bisher durchgeführten Eingriffe weiterhin vorzunehmen.

(3) Verordnungen auf Grundlage dieses Bundesgesetzes können bereits vor seinem Inkrafttreten (§ 13) erlassen werden. Sie dürfen frühestens mit Inkrafttreten dieses Bundesgesetzes in Kraft treten.

Inkrafttreten

§ 13. (1) Dieses Bundesgesetz tritt mit 1. Jänner 2013 in Kraft.

(2) Das Inhaltsverzeichnis und § 2a samt Überschrift in der Fassung des 2. Materien-Datenschutz-Anpassungs-

gesetzes, BGBl. I Nr. 37/2018, treten mit 25. Mai 2018 in Kraft.

(3) § 5 Abs. 3 und 4 sowie § 7 Abs. 3, 4 und 5 in der Fassung des Bundesgesetzes BGBl. I Nr. 59/2018 treten mit 1. Juli 2018 in Kraft.

Vollziehung

§ 14. Mit der Vollziehung dieses Bundesgesetzes ist die Bundesministerin für Gesundheit (der Bundesminister für Gesundheit) betraut.

II. Erläuterungen zur Regierungsvorlage (ErläutRV 1807 BlgNR 24. GP.)[1]

Vorblatt

Problem:

Ästhetische Operationen (Schönheitsoperationen) sind chirurgische Eingriffe, die weitreichende unerwünschte Nebenwirkungen und unerwartete Folgen bzw. Komplikationen nach sich ziehen können. Derzeit ist die Durchführung von ästhetischen Operationen nicht auf eine bestimmte Facharztausbildung beschränkt. Ebenso sind keine spezifischen Qualitätskriterien normiert. Auf Grund der stark steigenden Zahlen der jährlich durchgeführten ästhetischen Operationen ist es dringend erforderlich, qualitätssichernde Maßnahmen in diesem Bereich zu normieren.

Im Regierungsprogramm für die XXIV. Gesetzgebungsperiode ist im Kapitel Gesundheit festgelegt, dass medizinisch nicht notwendige Schönheitsoperationen konkret geregelt werden müssen, um dabei medizinische Standards sicherzustellen und Missbrauch bei Jugendlichen zu verhindern.

Inhalt:

Schaffung von Regelungen über die Durchführung von ästhetischen Behandlungen und Operationen zum Schutz von Patientinnen und Patienten und zur Qualitätssicherung.

---

1 Die im Teil III. dieses Buches auszugsweise zitierten Passagen aus den Erläuterungen zur Regierungsvorlage zum „Bundesgesetz über die Durchführung von ästhetischen Behandlungen und Operationen – ÄsthOpG“ (ErläutRV 1807 BlgNR 24. GP.) sind mit dem Hinweis „ErläutRV“ kenntlich gemacht.

Alternativen:

Im Hinblick auf das Regierungsprogramm keine.

Auswirkungen des Regelungsvorhabens:

– Finanzielle Auswirkungen:

S. Erläuterungen, Allgemeiner Teil.

– Wirtschaftspolitische Auswirkungen:

– – Auswirkungen auf die Beschäftigung und den Wirtschaftsstandort Österreich:

Das Regelungsvorhaben hat keine Auswirkungen auf die Beschäftigung und den Wirtschaftsstandort Österreich.

– – Auswirkungen auf die Verwaltungskosten für Bürgerinnen (Bürger) und für Unternehmen:

Das Regelungsvorhaben wird rund 1.970.000 Euro pro Jahr Verwaltungslasten für Unternehmen bewirken. Nähere Ausführungen s. Erläuterungen Allgemeiner Teil.

– Auswirkungen in umweltpolitischer Hinsicht, insbesondere Klimaverträglichkeit:

Das Regelungsvorhaben ist nicht klimarelevant.

– Auswirkungen in konsumentenschutzpolitischer sowie sozialer Hinsicht:

Die Festlegung von Regelungen über die Durchführung von ästhetischen Behandlungen und Operationen hat für Patientinnen und Patienten als Konsumentinnen und Konsumenten jedenfalls positive Auswirkungen.

– Geschlechtsspezifische Auswirkungen:

Da der überwiegende Anteil der Menschen, die sich einer ästhetischen Behandlung oder Operation unterziehen,

Frauen sind, hat ein besonderer Schutz dieser Patientengruppe auch positive frauenpolitische Auswirkungen.

Verhältnis zu Rechtsvorschriften der Europäischen Union:

Der Entwurf entspricht hinsichtlich § 8 Abs. 5 der Judikatur des Europäischen Gerichtshofes. Des Weiteren werden keine Rechtsvorschriften der Europäischen Union berührt.

Besonderheiten des Normerzeugungsverfahrens:

Keine.

Allgemeiner Teil

Inhalt:

Der Wunsch, ästhetische Unzulänglichkeiten oder Altersveränderungen des Körpers zu beeinflussen, gewinnt in der Gesellschaft zunehmend an Bedeutung. Der vorliegende Gesetzesentwurf soll die Rahmenbedingungen für ästhetische Behandlungen und Operationen ohne medizinische Indikation festlegen und damit zum Schutz und zur Sicherheit der Patientinnen und Patienten und zur einheitlichen Qualitätssicherung beitragen. Österreich ist das dritte europäische Land – nach Frankreich und Dänemark – mit einer derartigen gesetzlichen Regelung.

Schönheitsideale liegen in der subjektiven Wahrnehmung des einzelnen Menschen und ändern sich im Zeitablauf, in den Kulturen und Gesellschaften. Was im Rahmen gesellschaftlicher Normierung als schön gilt, kann in der „Herstellung“ für die solchermaßen „schön“ gemachten Menschen problematische gesundheitliche Folgen nach sich ziehen. Eine sorgfältige Indikationsstellung zu einem derartigen Eingriff ist von ebenso wesentlicher Bedeutung wie die fachgerechte Durchführung. Aus medizinischer, psychologischer und medizinethischer Sicht ist eine

Anamnese unbedingt erforderlich, nicht zuletzt um eine Problematik der gestörten Wahrnehmung des eigenen Körpers („Body Dysmorphic Disorder") auszuschließen. Der Hinweis auf Vielfalt und Individualität sowie das Prinzip, keinen Schaden zu verursachen, müssen die leitenden Werte einer ausgewogenen Beratung und Aufklärung im Vorfeld von ästhetischen Behandlungen und Operationen sein.

Die §§ 83 ff des Strafgesetzbuchs (StGB), BGBl. Nr. 60/1974, stellen Körperverletzung oder Schädigung an der Gesundheit unter Strafe. Allerdings gelten nach herrschender Lehre Eingriffe, die im Zuge einer Heilbehandlung vorgenommen werden, als nicht tatbestandsmäßig. Operationen, die am menschlichen Körper vorgenommen werden, um die Patientin (den Patienten) von psychischen oder physischen Beschwerden zu heilen, fallen daher nicht unter den Anwendungsbereich des Strafgesetzbuchs.

Medizinische – dazu zählen auch ästhetische chirurgische – Eingriffe, die nicht der Heilung dienen bzw. außerhalb des Begriffes der Heilbehandlung liegen, verwirklichen hingegen grundsätzlich den Tatbestand der Körperverletzung im Sinne des Strafgesetzbuchs und bedürfen somit zu ihrer Rechtfertigung des Unrechtsausschlusses durch Einwilligung der Patientin (des Patienten) gemäß § 90 StGB. Die Grenzen dieser Einwilligungsmöglichkeiten werden ebenfalls im § 90 StGB normiert: Das so genannte „Sittenwidrigkeitskorrektiv" knüpft eine Rechtfertigung nach § 90 Abs. 1 StGB über das Vorliegen einer wirksamen Einwilligung hinaus an die Bedingung, dass die „Verletzung oder Gefährdung als solche nicht gegen die guten Sitten verstößt". Eine weitere Grenze der Rechtfertigung bildet das Verbot konkret lebensgefährlicher Eingriffe. § 90 Abs. 3 StGB unterwirft die Zustimmungsmöglichkeiten der (des) Einzelnen einer zusätzlichen Einschränkung. Obwohl diese Bestimmung vorrangig auf das Verbot von weiblicher Genitalverstümmelung abzielt, ist sie auch auf ästhetische Korrekturen des weiblichen und männlichen

Genitale anwendbar. Hinsichtlich Veränderungen im Genitalbereich stellt § 90 Abs. 3 StGB eine „Lex Specialis" dar und besagt, dass „in eine Verstümmelung oder sonstige Verletzung der Genitalien, die geeignet ist, eine nachhaltige Beeinträchtigung des sexuellen Empfindens herbeizuführen, nicht eingewilligt werden [kann]." Gerade im Hinblick darauf kommt der Frage der Indikation und der Qualitätskriterien bei solchen Eingriffen besondere Bedeutung zu.

Auf Grund des Bundesministeriengesetzes 1986, BGBl. Nr. 76, in der geltenden Fassung, fällt der Schutz vor Gefahren für den allgemeinen Gesundheitszustand der Bevölkerung sowie Regelungen über Angelegenheiten der Ärzte in die Zuständigkeit des Bundesministers für Gesundheit.

Näheres zu den einzelnen Bestimmungen ist dem Besonderen Teil der Erläuterungen zu entnehmen.

Finanzielle Auswirkungen:

Durch die Tragung der Kosten durch die Patientin (den Patienten) – wie auch bereits bisher – entsteht für die Träger der gesetzlichen Krankenversicherung kein Anstieg im System der Kostenerstattung sowie der Sachleistungsversorgung.

Im Bereich der Vollziehung auf Ebene der Länder (Landeshauptmann in mittelbarer Bundesverwaltung und Landesregierung in Vollziehung des Krankenanstaltenrechts) ist aus diesem Grund ebenso mit keinem Anstieg von Kosten zu rechnen. Es ist vielmehr zu erwarten, dass durch die gesetzten qualitätssichernden Maßnahmen Einsparungen bei Folgekosten eintreten werden. Auf Grund des bekannt hohen Berufsethos in der Berufsgruppe der Ärztinnen und Ärzte und den klaren gesetzlichen Vorgaben wird mit Strafverfahren in nur geringer Anzahl zu rechnen sein. Eine zusätzliche Belastung der Verwaltungsstrafbehörden ist daher lediglich in vernachlässigbarer Höhe zu erwarten.

Im Bereich des Umsatzsteuerrechts werden sich mit diesem Gesetzesvorhaben keine Veränderungen ergeben, da bereits bisher Umsätze aus ärztlicher Tätigkeit gemäß § 6 Abs. 1 Z 19 UStG 1994 steuerfrei sind. Im Übrigen ist hinsichtlich Heil- und Pflegeanstalten auf § 6 Abs. 1 Z 18 UStG 1994 zu verweisen.

Mangels einer Möglichkeit zu schätzen, in welcher Größenordnung in den nächsten Jahren tatsächlich Ärztinnen (Ärzte) entsprechende Eingriffe durchführen werden, kann keine Aussage über allenfalls erwähnenswerte Auswirkungen im Bereich der Einkommenssteuer getroffen werden.

Mit dem vorgeschlagenen Gesetzesentwurf sind insgesamt weder nennenswerte Einsparungen noch Mehrkosten für den Bund und die Länder im Rahmen der mittelbaren Bundesverwaltung verbunden, so dass von keinen Auswirkungen auf den Bundeshaushalt, auf die Planstellen des Bundes und auf andere Gebietskörperschaften auszugehen ist. Es ist zu erwarten, dass durch die gesetzten qualitätssichernden Maßnahmen Einsparungen bei Folgekosten eintreten werden.

Auswirkungen auf die Verwaltungslasten für Bürgerinnen (Bürger) und Unternehmen:

Die neue rechtsetzende Maßnahme „Bundesgesetz, mit dem das Bundesgesetz über die Durchführung von ästhetischen Behandlungen und Operationen erlassen und das Ärztegesetz 1998 geändert wird" enthält eine neue Informationsverpflichtung für Unternehmen. Es wird durch diese insgesamt eine Belastung von rund 1.970.000 Euro pro Jahr verursacht.

Die neue Informationsverpflichtung „Ärztliche Aufklärung/Fotodokumentation" in § 5 betrifft durchschnittlich 500 Ärztinnen (Ärzte).

Durch diese Informationsverpflichtung wird insgesamt eine Belastung von rund 1.040.000 Euro an Verwaltungslasten verursacht. Die Belastung entsteht durch die Notwendigkeit der bildlichen Darstellung medizinisch nicht indizierter ästhetischer Operationen zur unverfälschten Dokumentation der durch den Eingriff verursachten Veränderung. Die Fotodokumentation ist erforderlich, um die Nachvollziehbarkeit und das Ergebnis des Eingriffs klar und eindeutig für die Patientin (den Patienten), die behandelnde Ärztin (den behandelnden Arzt) und allfällige nachbehandelnde Ärztinnen (Ärzte) festzuhalten. Die Fotodokumentation ist bereits jetzt „State of the Art".

Die neue Informationsverpflichtung „Operationspass" in § 9 betrifft durchschnittlich 500 Ärztinnen (Ärzte).

Durch diese Informationsverpflichtung wird insgesamt eine Belastung von rund 930.000 Euro an Verwaltungslasten verursacht. Die Belastung entsteht durch die Notwendigkeit, medizinisch nicht indizierte ästhetische Operationen umfassend, übersichtlich und nachvollziehbar zu dokumentieren. Der Operationspass ist erforderlich, um die Sicherheit der Patientinnen (Patienten) in diesem sensiblen Bereich bestmöglich zu gewährleisten und alle eingebundenen Ärztinnen (Ärzte) und Angehörigen des klinisch-psychologischen Berufs rasch und umfassend über die bereits getroffenen Eingriffe und sonstigen Maßnahmen zu informieren.

Auf die angeschlossenen Kostenberechnungen wird verwiesen.

Diese Kosten können – ebenso wie alle sonstigen Kosten eines ästhetischen Eingriffs – durch die behandelnden Ärztinnen (Ärzte) von den Patientinnen (Patienten) eingefordert werden.

Die im vorliegenden Gesetz normierten Pflichten der ärztlichen Aufklärung und Beratung einschließlich der Dokumentationspflicht sind grundsätzlich bereits seit vielen Jahren bzw. Jahrzehnten in den ärzterechtlichen Rechtsgrundlagen verankert und werden im vorliegenden Bundesgesetz lediglich zur Schärfung der Klarheit und Rechtssicherheit detaillierter ausgewiesen. Die Bestimmungen der § 4 Abs. 8, § 5 Abs. 1 bis 3 sowie 5 bis 8, und § 6 stellen daher keine zusätzlichen Kosten gegenüber der derzeit geltenden Rechtslage dar. In diesem Zusammenhang wird insbesondere auf die geltenden Bestimmungen des Ärztegesetzes 1998, das Bundesgesetz über die Dokumentation im Gesundheitswesen, BGBl. Nr. 745/1996, und die Diagnosen- und Leistungsdokumentationsverordnung, BGBl. II Nr. 589/2003 hingewiesen. Weiters sind die ebenfalls bereits seit Jahren veröffentlichten „Guidelines der Ästhetischen Plastischen Chirurgie“[2] der Österreichischen Gesellschaft für Plastische, Ästhetische und Rekonstruktive Chirurgie, die eine im Rahmen eines umfassenden Aufklärungsgesprächs zu verfassende schriftliche Dokumentation samt Foto-Dokumentation bei Schönheitsoperationen zur einheitlichen Qualitätssicherung dringend empfehlen, als geltender „State of the Art“ im Bereich der ästhetischen Operationen anzusehen.

Kompetenzgrundlage:

In kompetenzrechtlicher Hinsicht stützt sich das vorliegende Bundesgesetz auf Artikel 10 Abs. 1 Z 6 („Zivilrechtswesen“) und Z 12 („Gesundheitswesen“) B-VG.

2 S. dazu: https://plastischechirurgie.org/service/guidelines-fuer-aesthetische-eingriffe/ (abgefragt am 11.01.2025).

III. Kommentar zum ÄsthOpG

Ziel und Geltungsbereich[1]

§ 1. (1) Dieses Bundesgesetz dient dem vorbeugenden Schutz der Gesundheit und körperlichen Unversehrtheit von Patientinnen (Patienten)[2] sowie dem Schutz vor Komplikationen und unerwünschten Folgen bei der Durchführung von ästhetischen Behandlungen[3] und Operationen ohne medizinische Indikation[4].[5]

(2)[6] Ästhetische Behandlungen[7] und Operationen[8] ohne medizinische Indikation sind dann von diesem Bundesgesetz erfasst,[9] wenn sie ärztliche Tätigkeiten gemäß § 2 Abs. 2 Ärztegesetz 1998, BGBl. I Nr. 169/ 1998[10], sind und dürfen diesfalls vorbehaltlich Abs. 3 und 4 nur nach Maßgabe dieses Bundesgesetzes[11] durchgeführt[12] werden.[13] [14]

(3)[15] Auf Tätigkeiten, für die die Gewerbeordnung 1994, BGBl. I Nr. 194/1994, gilt,[16] ist dieses Bundesgesetz nicht anzuwenden.[17]

(4) Auf Tätigkeiten, für die das Zahnärztegesetz, BGBl. I Nr. 126/2005[18], gilt[19], ist dieses Bundesgesetz nicht anzuwenden.[20]

1 ErläutRV: „§ 1 Abs. 1 stellt als Ziel dieses Bundesgesetzes den Schutz der Gesundheit und körperlichen Unversehrtheit des Menschen in den Mittelpunkt."

2 Das Gesetz verwendet den Begriff einer Patientin (eines Patienten) in einem weiteren Sinn: Gemeint ist eine gesunde Person, die Einrichtungen des Gesundheitswesens in Anspruch nimmt (vgl. dazu etwa: *Pschyrembel*, Klinisches Wörterbuch[269] [2023] 1574).

3 ErläutRV: „Da es sich bei ästhetischen Behandlungen und Operationen ohne medizinische Indikation um Eingriffe handelt, die ohne jegliche medizinische Notwendigkeit ausschließlich auf Wunsch eines gesunden Menschen zur subjektiv wahrgenommenen „Verschönerung“ des Körpers vorgenommen werden, müssen die Maßnahmen möglichst so gesetzt werden, dass für diesen Menschen, der eben in diesen Fällen vor dem Eingriff nicht krank, sondern gesund ist, kein Schaden entsteht und das gelindeste Mittel zur Anwendung kommt. Der Risikoabwehr kommt hier vorrangige Bedeutung zu, da weder Zeitdruck vorliegt noch eine Abwägung zu erfolgen hat, die im Falle der Behandlung einer Krankheit im Sinne des geringeren Übels auszufallen hat. Weiters fehlt hier der bei einer Krankenbehandlung, zu der die plastische Korrektur von angeborenen Missbildungen und Anomalien oder die Wiederherstellung von Körperteilen nach Operationen oder Unfällen zählt, vorangegangene Leidensweg der Patientin (des Patienten).“

4 S. dazu § 3 Abs. 1 Z 4.

5 Das Ziel des Schutzes der Gesundheit und der körperlichen Unversehrtheit der Patientinnen bzw. Patienten steht auch dann im Mittelpunkt, wenn nicht medizinisch indizierte Operationsinhalte (wie z.B. das Einbringen von Implantaten zur Brustvergrößerung), die das Risiko erheblich erhöhen, mit der ursprünglich geplanten, medizinisch indizierten Operation in einem einheitlichen Vorgang durchgeführt werden. Andernfalls bestünde die Gefahr einer Umgehung des Schutzzwecks des ÄsthOpG, vgl. dazu OGH vom 27.09.2023, 9 Ob 47/23m JBl 2023, 788.

6 ErläutRV: „Abs. 2 stellt klar, dass ästhetische Behandlungen und Operationen ohne medizinische Indikation nur nach dem ÄsthOpG durchgeführt werden dürfen, sofern es sich dabei im Sinne des § 2 Abs. 2 Ärztegesetz 1998 um eine Ausübung des ärztlichen Berufs handelt. Selbstverständlich sind aber bei ästhetischen Behandlungen und Operationen im Sinne dieses Bundesgesetzes als „Lex Specialis“ zum Ärztegesetz 1998 auch die sonstigen rechtlichen Vorgaben für die Ausübung des ärztlichen Berufes maßgeblich und zu beachten.“

7 Eine demonstrative Aufzählung enthält § 4 Abs. 2.

8 Eine demonstrative Aufzählung enthält § 4 Abs. 1.

9 Bei der Beurteilung einer zentralen Frage – nämlich der nach dem Anwendungsbereich des Gesetzes – sind die in § 3 angeführten Legaldefinitionen mit einzubeziehen. Insbesondere die in § 3 Abs. 1 Z 1 und 2 genannten subjektiven Tatbestandsmerkmale („zur Herbeiführung einer subjektiv wahrgenommenen Verbesserung des optischen Aussehens“) begrenzen den Anwendungsbereich: Nicht jede Operation ohne medizinische Indikation ist daher eine ästhetische Operation. Zu denken ist in diesem Zusammenhang vor allem an die religiös motivierte Beschneidung von Knaben (s. Anm 2 zu § 7 sowie den Erlass vom 31.07.2012 zur Frage der strafrechtlichen Relevanz der Vornahme einer Beschneidung an Knaben aus religiösen Motiven, BMJ 120001S/3/IV/12, JABl. Nr. 28/2012, in Kraft seit 31.07.2012).

10 S. Anhang 1.

11 Es stellt sich die Frage, ob entgegen diesem Vorbehalt vertraglich vereinbarte ästhetische Behandlungen und Operationen ohne medizinische Indikation gemäß § 879 Abs. 1 ABGB nichtig sind. Nach ständiger Rechtsprechung (s. dazu etwa OGH 03.05.2007, 1 Ob 4/07f oder OGH 24.02.2010, 3 Ob 223/09d) ist ein gegen ein gesetzliches Verbot verstoßender Vertrag nach § 879 Abs. 1 ABGB nichtig, wenn diese Rechtsfolge entweder ausdrücklich angeordnet oder vom Verbotszweck erfordert wird. Letzteres ist eine schwierige Auslegungsfrage. Allerdings sind nach der

Rechtsprechung im Allgemeinen Rechtsgeschäfte gültig, wenn sich das Verbot nur an eine der beiden Vertragspartnerinnen (Vertragspartner) richtet. Dies ist hier augenscheinlich der Fall, weil eine Verpflichtung der Patientin (des Patienten) oder ein ihr (ihm) gegenüber ausgesprochenes Verbot hier nicht vorliegt.

12 Zu beachten ist aber, dass bereits vor der „Durchführung" der Behandlung oder Operation Pflichten für die Ärztin (den Arzt) entstehen: Werbebeschränkungen und Provisionsverbot (§ 8), Anlegen eines Operationspasses im Rahmen der ersten ärztlichen Konsultation (§ 9) sowie die ärztliche Aufklärung inklusive Kostenplan samt Dokumentation der Aufklärungsmaßnahmen (§ 5). Auch Ärztinnen (Ärzte), die selbst gar keine ästhetischen Behandlungen oder Operationen durchführen, werden durch das ÄsthOpG in die Pflicht genommen (bei Kunstfehlerverdacht; Näheres s. § 10).

13 Zu den Übergangsbestimmungen vgl. § 12 Abs. 1.

14 Gleiches muss laut *Schmitt* grundsätzlich auch für minimal-invasive ästhetische Behandlungen wie z.B. Faltenunterspritzungen gelten, da sich diese Tätigkeiten zweifellos auf medizinisch-wissenschaftliche Erkenntnisse stützen und unmittelbar am Menschen durchgeführt werden (*Schmitt*, Das österreichische ÄsthOpG als Vorbild für Deutschland? Eine vergleichende Untersuchung zu rechtlichen Anforderungen an die Durchführung von ästhetischen Behandlungen [2019] 157).

15 ErläutRV: „Durch die Aussage in Abs. 3 kommt eindeutig zum Ausdruck, dass das vorliegende Gesetz auf die der Gewerbeordnung 1994 unterliegenden Tätigkeiten nicht anzuwenden ist. Hierzu zählen insbesondere Tätigkeiten gemäß der Verordnung des Bundesministers für Wirtschaft und Arbeit über Ausübungsregeln für das Piercen und Tätowieren durch Kosmetik(Schönheitspflege)-Gewerbetreibende,

BGBl. II Nr. 141/2003, die Verordnung des Bundesministers für Wirtschaft und Arbeit über Ausübungsregeln für Fußpflege, Kosmetik und Massage durch Gewerbetreibende, BGBl. II Nr. 262/2008."

16 S. Anhang 14.

17 ErläutRV: „Ästhetische Behandlungen, die nach § 2 Abs. 2 Ärztegesetz 1998 nicht der Ärztin (dem Arzt) vorbehalten sind, insbesondere die Verwendung von Laser in niedrigen Stufen, sind dann, wenn sie eine Gewerbeberechtigte (ein Gewerbeberechtigter) durchführt, vom ÄsthOpG nicht erfasst (s. § 1 Abs. 2 in Verbindung mit Abs. 3). Hingegen soll die Vornahme ästhetischer Behandlungen dann, wenn sie von Ärztinnen (Ärzten) als ärztliche Tätigkeiten vorgenommen werden, unter das ÄsthOpG fallen. In diesem Zusammenhang ist festzuhalten, dass ästhetische Behandlungen im Sinne des vorliegenden Gesetzes – auch wenn dabei Ultraschall-, Laser-, Radiofrequenz- oder vergleichbare Geräte zur Anwendung kommen – zum Beispiel auch zum Gewerbe der Kosmetik (Schönheitspflege) zählen. Andererseits sind beispielsweise Laser ab der Klasse 3 hochenergetisch und führen bei unsachgemäßer Anwendung zu Schädigungen des Auges und zu Verbrennungen der Haut. Arbeitgeberinnen (Arbeitgeber) sind zur Evaluierung sowie Information und Unterweisung gemäß der Verordnung über optische Strahlung (VOPST), BGBl. II Nr. 221/2011, verpflichtet. Dabei können sie auf Personen zurückgreifen, die eine entsprechende Ausbildung als Laserschutzbeauftragte (insbesondere eine auf Basis von ÖNORMEN für den medizinischen und technischen Bereich zertifizierte) haben. Außerdem ist eine spezielle Raumausstattung (Laserschutzbestimmungen) erforderlich."

18 S. Anhang 2.

19 Zu denken ist in diesem Zusammenhang an die Vornahme operativer Eingriffe bei Anomalien der Zähne, des Mundes und des Kiefers. Mit der Entscheidung OGH 22.10.2013, 4 Ob 166/13k wurde klargestellt, dass etwa Bleaching den Tatbestand des § 4 Abs 3 Z 4a ZÄG erfüllt. S. dazu näheres im Anhang 2 (Zahnärztegesetz).

20 ErläutRV: „Abs. 4 verdeutlicht, dass dieses Gesetz weiters auf Tätigkeiten, für die das Zahnärztegesetz, BGBl. I Nr. 126/2005 gilt, nicht anzuwenden ist. Dies ergibt sich bereits aus Abs. 3, wonach auf „Ausübung des ärztlichen Berufes im Sinne des § 2 Abs. 2 Ärztegesetz 1998" abgestellt wird. Weiters normiert § 4 hinsichtlich der für die Durchführung von ästhetischen Operationen im Sinne dieses Bundesgesetzes erforderlichen Qualifikationen ausschließlich die vom ÄrzteG 1998 umfassten ärztlichen Qualifikationen in den entsprechenden Sonderfächern bzw. in der Allgemeinmedizin. Daraus ergibt sich, dass unter die Normadressaten dieses Bundesgesetzes jedenfalls nicht Zahnärztinnen (Zahnärzte), Fachärztinnen (Fachärzte) für Zahn-, Mund- und Kieferheilkunde und Dentistinnen (Dentisten) im Rahmen der Ausübung des zahnärztlichen Berufs bzw. Dentistenberufs gemäß Zahnärztegesetz fallen. Hinzuweisen ist in diesem Zusammenhang darauf, dass ästhetische Behandlungen und Operationen im Sinne dieses Bundesgesetzes, das – wie bereits ausgeführt – auf ärztliche Tätigkeiten abstellt, nicht vom Tätigkeitsbereich des zahnärztlichen Berufes erfasst sind, sondern zum ärztlichen Vorbehaltsbereich zählen und daher nicht von Angehörigen des zahnärztlichen Berufs durchgeführt werden dürfen."

Das ZÄG kennt keine Spezialnormen für ästhetische Zahn-, Mund- und Kieferoperationen.

Allgemeines[1]

§ 2. Soweit in diesem Bundesgesetz auf Bestimmungen anderer Bundesgesetze verwiesen wird, sind diese in ihrer jeweils geltenden Fassung anzuwenden.

1 ErläutRV: „§ 2 dient einer sprachlich-legistischen Vereinfachung und damit der besseren Verständlichkeit und Lesbarkeit für die Normanwenderin (den Normanwender). Es wird daher jeweils nur die Stammfassung der angeführten Bundesgesetze zitiert."

Verarbeitung personenbezogener Daten

§ 2a.[1] [2] **(1) Personenbezogene Daten dürfen nach diesem Bundesgesetz nur zu Zwecken, die in diesem Bundesgesetz festgelegt sind, unter Einhaltung der Verordnung (EU) 2016/679 zum Schutz natürlicher Personen bei der Verarbeitung personenbezogener Daten, zum freien Datenverkehr und zur Aufhebung der Richtlinie 95/46/EG (Datenschutz-Grundverordnung), ABl. Nr. L 119 vom 04.05.2016 S. 1, und des Datenschutzgesetzes (DSG), BGBl. I Nr. 165/1999, verarbeitet werden.**

(2)[3] **Hinsichtlich der Verarbeitung personenbezogener Daten gemäß Abs. 1 sind die Rechte und Pflichten gemäß Art. 13, 14, 18 und 21 Datenschutz-Grundverordnung ausgeschlossen.**

(3)[4] **Werden Daten gemäß Abs. 1 zu wissenschaftlichen oder historischen Forschungszwecken oder statistischen Zwecken weiterverarbeitet, hat die Weiterverarbeitung in pseudonymisierter Form zu erfolgen, wenn auf diese Weise die Zwecke erreicht werden können. Soweit der Personenbezug für die Verwirklichung des Zwecks unerlässlich ist, dürfen die Rechte der Betroffenen gemäß Art. 15, 16, 18 und 21 Datenschutz-Grundverordnung vom Verantwortlichen insofern ausgeschlossen werden, als diese Rechte die Verwirklichung der spezifischen Zwecke unmöglich machen oder ernsthaft beeinträchtigen würden.**

1 Die gegenständliche Änderung erfolgte im Rahmen des 2. Materien-Datenschutz-Anpassungsgesetz 2018 (BGBl I 37/2018); die maßgeblichen Intentionen zu dieser Novelle finden sich in den ErläutRV 108 BlgNR 26. GP, 1 ff (im Folgenden kurz: ErläutRV 2018).

2 ErläutRV 2018: „§ 2a Abs. 1 regelt die in den Bestimmungen des ÄsthOpG vorgesehenen Datenverarbeitungen, nämlich das Erheben, das Erfassen, die Organisation, das Ordnen, die Speicherung, die Anpassung oder Veränderung, das Auslesen, das Abfragen, die Verwendung, die Offenlegung durch Übermittlung, die Verbreitung, den Abgleich oder die Verknüpfung, die Einschränkung, das Löschen oder die Vernichtung von personenbezogenen Daten mit oder ohne Hilfe automatisierter Verfahren (vgl. Art. 4 Z 2 DSGVO)."

3 ErläutRV 2018: „In Abs. 2 werden für die Verarbeitung personenbezogener Daten entsprechend Art. 23 DSGVO folgende Rechte und Pflichten insbesondere zur Sicherstellung des Schutzes der öffentlichen Gesundheit und zur Verhütung, Aufdeckung, Ermittlung und Verfolgung von Verstößen gegen die berufsständischen Regeln reglementierter Berufe ausgeschlossen:

- Art. 13 und 14: Informationspflichten der/des Verantwortlichen bei der Erhebung von personenbezogenen Daten,
- Art. 18: Recht der/des Betroffenen auf Einschränkung der Verarbeitung,
- Art. 21: Widerspruchsrecht der/des Betroffenen.

So wäre beispielsweise im Falle eines Rechts auf Einschränkung und auf Widerspruch (Anmerkung: s. dazu insbesondere die umfassenden Pflichten der Ärztin/des Arztes betreffend Aufklärung und Einwilligung gem. §§ 5-7 ÄsthOpG) die Besorgung der Aufgaben nach diesem Bundesgesetz von vorherein wesentlich beeinträchtigt und eine geordnete Durchführung der gesetzlich geregelten Aufgaben nicht mehr möglich. Die Ausübung der genannten Rechte und Pflichten würde zudem einen beträchtlichen und unverhältnismäßigen Aufwand verursachen."

4 ErläutRV 2018: „Abs. 3 regelt die Weiterverarbeitung der angeführten Daten zu wissenschaftlichen oder historischen Forschungszwecken oder statistischen Zwecken. Im Sinne des Art. 89 DSGVO sind die Daten so zu übermitteln, dass sie für die Empfängerin/den Empfänger pseudonymisierte personenbezogene Daten sind und die Empfängerin/der Empfänger die Identität der/des Betroffenen mit rechtlich zulässigen Mitteln nicht bestimmen kann, sofern der Personenbezug für die Durchführung einer statistischen Erhebung nicht unerlässlich ist. Soweit der Personenbezug für die Verwirklichung des Zwecks unerlässlich ist, können einzelne Rechte der/des Betroffenen unter den Voraussetzungen des Art. 89 Abs. 2 DSGVO ausgeschlossen werden."

Begriffsbestimmungen[1]

§ 3. (1) Im Sinne dieses Bundesgesetzes bedeuten die Begriffe:

1. **„Ästhetische Operation" (ästhetische Chirurgie, ästhetisch-chirurgischer Eingriff, kosmetische Chirurgie, kosmetische Operation, Schönheitschirurgie, Schönheitsoperation):[2] eine operativ-chirurgische Behandlung zur Herbeiführung einer subjektiv wahrgenommenen Verbesserung des optischen Aussehens oder der Verschönerung des menschlichen Körpers oder der ästhetischen Veränderung des körperlichen Aussehens einschließlich der Behandlung altersbedingter äußerlicher Veränderungen des Körpers ohne medizinische Indikation;**
2. **„Ästhetische Behandlung": eine Behandlung mit anderen als operativ-chirurgischen Methoden wie insbesondere mittels Arzneimitteln und minimal-invasiver Methoden zur Herbeiführung einer subjektiv wahrgenommenen Verbesserung des optischen Aussehens oder der Verschönerung des menschlichen Körpers oder der ästhetischen Veränderung des körperlichen Aussehens einschließlich der Behandlung altersbedingter äußerlicher Veränderungen des Körpers ohne medizinische Indikation;**
3. **„Eingriff": eine ästhetische Operation;**
4. **„Medizinische Indikation":[3] ein auf aktuellen medizinisch-wissenschaftlichen Erkenntnissen beruhender Grund, eine ästhetische Behandlung oder Operation durchzuführen.[4] Sie liegt vor, wenn die ästhetische Behand-**

lung oder Operation unter Berücksichtigung der Lebensverhältnisse der Patientin (des Patienten) nach objektiven Kriterien notwendig ist, um Lebensgefahr oder die Gefahr einer Beeinträchtigung des Gesundheitszustands der Patientin (des Patienten) abzuwenden oder einen anatomischen oder funktionellen Krankheitszustand zu beseitigen und die Gefahr oder der Krankheitszustand nicht auf eine gelindere für die Patientin (den Patienten) zumutbare Weise abgewendet oder beseitigt werden kann.[5] [6]

(2)[7] **Die Tätigkeiten des Piercens und Tätowierens fallen nicht unter die Begriffe „ästhetische Operation", „ästhetische Behandlung" und „Eingriff" gemäß Abs. 1 Z 1 bis 3.**[8] [9]

1 ErläutRV: „§ 3 Abs. 1 enthält Legaldefinitionen der grundlegenden Begriffe, die in diesem Gesetz Verwendung finden."

2 Im Gesetz findet sich eine Reihe von synonymen Begriffen. *Maleczky* ist zustimmen, dass unklar bleibt, wozu die in Absatz 1 in Klammer angeführten Synonymbegriffe angeführt sind, zumal diese Begriffe – außer dem Begriff „ästhetische Chirurgie" – weder im ÄsthOpG noch in anderen einschlägigen Gesetzen vorkommen (*Maleczky*, in: *Neumayr/Resch/Wallner* [Hg.], Gmundner Kommentar zum Gesundheitsrecht[2] [Stand: 01.01.2022; rdb.at] Anm. 3 zu § 3 ÄsthOpG).

3 ErläutRV: „Zur Definition von „medizinische Indikation" (Abs. 1 Z 4) ist erläuternd Folgendes auszuführen:

Zur Feststellung einer medizinischen Indikation sind insbesondere vorhandene wissenschaftliche Daten aus klinischen Studien heranzuziehen.

Eine medizinische Indikation für eine ästhetische Operation ist jedenfalls dann anzunehmen, wenn die Kosten vom gesetzlichen Krankenversicherungsträger übernommen werden. Allerdings ist eine „medizinische Indikation“ im Sinne des vorliegenden Gesetzes nicht gleichzusetzen mit dem Vorliegen einer „notwendigen Krankenbehandlung“ im sozialversicherungsrechtlichen Sinn und daraus folgender Kostenübernahme durch die Sozialversicherung. Gemäß § 133 Abs. 3 Allgemeines Sozialversicherungsgesetz (ASVG) (s. Anhang 5) werden Kosten für eine kosmetische Operation nur übernommen, wenn sie als Krankenbehandlung im Sinne des Sozialversicherungsrechts gilt. Ob eine kosmetische Operation medizinisch indiziert ist, muss im Regelfall im Vorhinein überprüft und abgeklärt werden. In diesem Zusammenhang ist klarzustellen, dass der Krankenversicherungsträger die Anerkennung von Krankenbehandlung nach krankenversicherungsrechtlichen Kriterien tätigt und davon die Kostenübernahme abhängt.“

4 ErläutRV: „Bei unmittelbarem Zusammenhang mit medizinisch-wissenschaftlich definierten angeborenen gravierenden Missbildungen, Fehlbildungen oder Anomalien sowie bei entstellenden Missbildungen, Verletzungen oder Narbenbildung nach Unfällen, Tumoroperationen oder Brandverletzungen kann ebenfalls von einer medizinischen Indikation im Sinne dieses Gesetzes gesprochen werden, auch wenn nicht jeder dieser Fälle im Sinne der obigen Ausführungen eine Kostenerstattungspflicht der gesetzlichen Krankenversicherung begründen muss. Beispielhaft werden folgende Fälle medizinisch indizierter plastisch-ästhetischer Operationen im Sinne der Definition der Z 4 angeführt: Narbenkorrektur bei Funktionsbehinderung oder Entstellung, insbesondere im Gesicht; Spaltenbildung durch angeborene Fehlbildungen oder Anomalien; Nabelhernien; Brustwiederherstellung nach Krebs; rekonstruktive Wiederherstellung der Haut nach Karzinomen oder Brandverletzungen; Oberliderschlaffung mit einer messbaren

Gesichtsfeldeinschränkung bzw. krankhaftem Oberlid-Muskeltonus; Unterliderschlaffung mit pathologischem Ektropium; Brustverkleinerung bei Brustgigantomastie; Beseitigung einer Bauchfettschürze bei erheblichen mechanischen Beschwerden; Anlegen abstehender Ohren; Ohrmuscheldeformitäten („Schalenohren"); Anorchie; Nasenkorrektur bei äußeren entstellenden Veränderungen durch Unfälle oder Tumoren bzw. inneren Veränderungen mit Atembehinderung; Fettabsaugung bei krankhafter Elephantiasis bzw. therapierefraktärer mechanischer Behinderung."

5 ErläutRV: „Stellt die behandelnde Ärztin (der behandelnde Arzt) das Vorliegen einer medizinischen Indikation gemäß § 3 Abs. 1 Z 4 fest, so wird daher der gebotene Eingriff von diesem Bundesgesetz und damit auch von der Altersgrenze gemäß § 7 Abs. 1 nicht erfasst."

6 ErläutRV: „Allerdings ist auch hier klarzustellen, dass beispielsweise angeborene Fehlbildungen nicht automatisch einer Krankheit im sozialversicherungsrechtlichen Sinn entsprechen."

7 ErläutRV: „Abs. 2 nimmt die Tätigkeiten des Piercens und Tätowierens aus den Begriffen der „ästhetischen Operation" und der „Ästhetischen Behandlung" aus, da diese Tätigkeiten – obwohl es sich um ärztliche Tätigkeiten handelt – unter bestimmten besonderen Voraussetzungen auch im Bereich des Gewerbes der Kosmetik (Schönheitspflege) durchgeführt werden dürfen. Piercen und Tätowieren fällt daher auch dann nicht unter dieses Bundesgesetz, wenn diese Tätigkeiten durch Ärztinnen (Ärzte) durchgeführt werden. Hierzu zählt auch das Stechen von Ohrläppchen bei Kindern."

8 Das Gewerberecht kennt diesbezüglich durchaus auch ausführliche Schutzbestimmungen (s. Anhang 13).

9 Eingriffe, die über die Definition des Piercens oder Tätowierens hinausgehen, beispielsweise durch die Verwendung eines Gerätes mit einem größeren Durchmesser als zwei Millimeter zum Durchstechen der Haut, fallen unter den Ärztevorbehalt und unterliegen dem ÄsthOpG; S. dazu: *Büchel*, Schönheitseingriffe bei Minderjährigen und ihre rechtlichen Voraussetzungen, JMG 2023, 27 m.w.N.

Qualifikation[1]

§ 4. (1)[2] Ästhetische Operationen im Sinne des § 3 Abs. 1 Z 1 sind jedenfalls Auflagerungsplastik, Bauchstraffung (Abdominoplastik), Brauenkorrektur, Bruststraffung (Mastopexie), Brustvergrößerung (Mammaaugmentation) und Brustverkleinerung (Mammareduktion), Eigenfetttransfer (Lipofilling), Facelift (Rhytidektomie), Fettabsaugung (Liposuction), Gesäß-Modellierung, Gesichtsimplantate, Halslift, Kinnplastik (Genioplastik), Körperstraffung (Bodylift), Korrektur abstehender Ohren (Otoplastik), Lippenvergrößerung und Lippenaufpolsterung (Lippenaugmentation), Nasenkorrektur (Rhinoplastik), Oberarmstraffung (Brachioplastik), Oberlidkorrektur und Unterlidkorrektur (Blepharoplastik), Oberschenkelstraffung (Dermolipektomie), Penisvergrößerung, Stirnlift, Vaginoplastik und Labienplastik.

(2)[3] Ästhetische Behandlungen im Sinne des § 3 Abs. 1 Z 2 sind als ärztliche Tätigkeiten gemäß § 2 Abs. 2 Ärztegesetz 1998 jedenfalls Anwendungen von Arzneimitteln wie insbesondere Botulinumtoxin[4] sowie physikalische Anwendungen wie insbesondere Photorejuvenation (Laser Skin Resurfacing, Laserpeeling, Faltenlaserung, Thermage und vergleichbare Anwendungen), wobei die Ausnahme für solche Tätigkeiten, die auf Grund der Gewerbeordnung 1994 erbracht werden, unberührt bleibt (§ 1 Abs. 3).[5] [6]

(3)[7] [8] Eine ästhetische Operation darf von folgenden Ärztinnen (Ärzten) durchgeführt werden:

1. zur selbständigen Berufsausübung berechtigte Fachärztinnen (Fachärzte) für Plastische, Ästhetische und Rekonstruktive Chirurgie[9],

2. weitere zur selbständigen Berufsausübung berechtigte Fachärztinnen (Fachärzte) unter Berücksichtigung des § 31 Abs. 3 Ärztegesetz 1998[10], soweit sie durch Verordnung der Österreichischen Ärztekammer gemäß Abs. 5 Z 2 dazu berechtigt sind,[11] und
3. zur selbständigen Berufsausübung berechtigte Ärztinnen (Ärzte) für Allgemeinmedizin,[12] soweit sie hinsichtlich bestimmter Eingriffe über eine Anerkennung durch die Österreichische Ärztekammer verfügen.[13] Diese Anerkennung setzt den Nachweis von Ärztinnen (Ärzten) gemäß Z 1 und 2 gleichwertigen Kenntnissen, Erfahrungen und Fertigkeiten voraus.[14]

Sonstigen Ärztinnen (Ärzten) ist die Durchführung ästhetischer Operationen vorbehaltlich Abs. 4 verboten.[15]

(4)[16] Turnusärztinnen (Turnusärzte)[17] sind zur Durchführung ästhetischer Behandlungen und Operationen nur im Zusammenhang mit ihrer Ausbildung zur Ärztin für Allgemeinmedizin (zum Arzt für Allgemeinmedizin) oder zur Fachärztin (zum Facharzt) im Rahmen des § 3 Abs. 3 Ärztegesetz 1998 berechtigt.

(5)[18] Die Österreichische Ärztekammer hat im übertragenen Wirkungsbereich[19] durch Verordnung[19a] gemäß § 117c Abs. 2 Z 10 Ärztegesetz 1998[20] Bestimmungen über

1. weitere über Abs. 1 hinausgehende ästhetische Operationen,[21]
2. weitere Fachärztinnen (Fachärzte), die unter Berücksichtigung des § 31 Abs. 3 Ärztegesetz 1998[22] zur Durchführung bestimmter

ästhetischer Operationen im Sinne dieses Bundesgesetzes berechtigt sind (Abs. 3 Z 2), und

3. die von Ärztinnen (Ärzten) für Allgemeinmedizin nachzuweisenden gleichwertigen Kenntnisse, Erfahrungen und Fertigkeiten, die diese zur Durchführung bestimmter ästhetischer Operationen im Sinne dieses Bundesgesetzes berechtigen (Abs. 3 Z 3), einschließlich des Verfahrens zur Anerkennung der entsprechenden Nachweise bei Gleichwertigkeit entsprechend den Grundsätzen des § 14 Abs. 5 und 6 Ärztegesetz 1998, jedoch unbeschadet der Zuständigkeit des Präsidenten der Österreichischen Ärztekammer, zu erlassen.

(6)[23] Die Österreichische Ärztekammer hat im eigenen Wirkungsbereich nach Meldung der gemäß Abs. 3 berechtigten Ärztinnen (Ärzte) auf ihrer Website[24] für Patientinnen (Patienten) gut sichtbar und allgemein zugänglich[25] zu verlautbaren.[26]

1. jene Fachärztinnen (Fachärzte) für Plastische, Ästhetische und Rekonstruktive Chirurgie, die ästhetische Operationen im Sinne dieses Bundesgesetzes durchführen,
2. jene Fachärztinnen (Fachärzte) gemäß Abs. 5 Z 2, die zur Durchführung bestimmter ästhetischer Operationen berechtigt sind, einschließlich der diesen zugeordneten ästhetischen Operationen sowie
3. jene Ärztinnen (Ärzte) für Allgemeinmedizin, die auf Grund nachgewiesener gleichwertiger Kenntnisse, Erfahrungen und Fertigkeiten gemäß Abs. 5 Z 3 zur Durchführung

bestimmter ästhetischer Operationen berechtigt sind.

(7)[27] **Ärztinnen (Ärzte) gemäß Abs. 3 sind verpflichtet, zur Information über die neuesten Entwicklungen und Erkenntnisse der medizinischen Wissenschaft im Bereich der von ihnen angebotenen und durchgeführten ästhetischen Behandlungen und Operationen spezielle fachspezifische Fortbildungen**[28] **zu absolvieren. Näheres ist von der Österreichischen Ärztekammer durch Verordnung gemäß § 117b Abs. 2 Z 9 lit. a Ärztegesetz 1998 zu bestimmen.**

(8)[29] **Die Patientin (Der Patient) ist von der behandelnden Ärztin (vom behandelnden Arzt) über deren (dessen) berufsrechtliche Qualifikation gemäß Abs. 3 und auf Nachfrage über die von dieser (diesem) absolvierten fachspezifischen Fortbildungen zu informieren.**

(9)[30] **Das Anführen eines Hinweises**

1. „Ästhetische Chirurgie" und

2. „Ästhetische Medizin"

ist ausschließlich Ärztinnen (Ärzten) gemäß Abs. 3 entsprechend der jeweiligen berufsrechtlichen Qualifikation erlaubt. Die Verwendung sonstiger Hinweise im Zusammenhang mit dem Anbieten oder der Durchführung von ästhetischen Operationen im Sinne des § 3 Abs. 1 Z 1 ist unzulässig.[31]

1 ErläutRV: „Die Aufzählung ästhetischer Operationen und Behandlungen in § 4 Abs. 1 und 2 hat lediglich demonstrativen Charakter, da eine abschließende gesetzliche Festlegung insbesondere im Hinblick auf die laufende Fort- und Weiterentwicklung der medizinischen Wissenschaft zu Schwierigkeiten in der Praxis führen würde. Weitere Eingriffe können von der Österreichischen Ärztekammer im übertragenen Wirkungsbereich im Verordnungswege normiert werden (Abs. 5).“ S. dazu Anhang 20.

2 ErläutRV: „§ 4 Abs. 1 führt gängige ästhetische Operationen, Abs. 2 ästhetische Behandlungen, das sind ärztliche Behandlungen mittels nicht-operativer Methoden, an.“

3 ErläutRV: „Klarzustellen ist im Zusammenhang mit Abs. 2, dass der Einsatz von Botulinumtoxin in der Neurologie durch Fachärztinnen (Fachärzte) für Neurologie, sofern dieser nicht zur ästhetischen Behandlung erfolgt, nicht in den Anwendungsbereich dieses Gesetzes fällt.“

4 Botulinumtoxin ist ein Arzneimittel, das in der kosmetischen Medizin zur Faltenglättung eingesetzt wird. Wesentlicher Bestandteil ist der Wirkstoff Botulinumtoxin A, der als Nervengift die Erregungsübertragung von den Nervenzellen zum Muskel hemmt. Das Arzneimittel wird subkutan (unter die Haut) injiziert, was die Kontraktion des Muskels schwächt und dadurch zur Glättung mimisch bedingter Falten führt. Die Anwendung ist Ärztinnen (Ärzten) vorbehalten (OGH 23.09.2008, 17 Ob 20/08b). Bei Botulinumtoxin B erfolgt zur Behandlung von Torticollis spasmodicus (spastischer Schiefhals) hingegen eine Applikation direkt in den betroffenen Muskel (*Pschyrembel*, Klinisches Wörterbuch^{269} [2023] 308).

5 Gemeinsam ist all diesen in Absatz 1 und 2 aufgelisteten Methoden bzw. den bei ihnen eingesetzten Stoffen, dass sie untrennbar mit einem Eindringen in die körperliche Integrität verbunden sind und ihrer Wirkung nach geeignet sind, bei unsachgemäßer Ausführung – oder auch in gewissem Maß bei der Ausführung lege artis – die körperliche Integrität und den menschlichen Organismus nachhaltig zu schädigen, da z.B mit der Verwendung von Botulinumtoxin Schluckstörungen, Erkrankungen des Bindegewebes oder aber auch Blutergüsse verbunden sein können. S. dazu näher: *Holzer*, Zur Frage der Abgrenzung zwischen ÄsthOpG und GewO 1994, ZfG 2018, 4 ff m.w.N.

6 Bestimmte Typen von Operationen und Behandlungen finden sich in der Aufzählung der Bestimmung des § 4 ÄsthOpG nicht ausdrücklich. So etwa die Photo-Epilation, die Entfernung von Tätowierungen mittels Laser oder der Kryolipolyse.

Zu den beiden Erstgenannten ist dabei Folgendes auszuführen: Sowohl bei der Photo-Epilation als auch bei der Entfernung von Tätowierungen mittels Laser kommt es zum Einsatz von Nd:YAG (kurz für Neodym-dotierter Yttrium-Aluminium-Granat-Laser), Rubinlaser oder Lasern ähnlicher Stärkeklassen, mittels welcher es bei der Photo-Epilation zu einem Eindringen in zum Teil sehr tiefliegende Hautschichten kommt, um die Haarwurzel zu entfernen. Da es sich bei diesem Vorgang unzweifelhaft um einen solchen operativer Natur handelt, da es zu einem Eindringen in den menschlichen Organismus kommt, und für diesen keine spezifische Ausnahme besteht, handelt es sich bei diesem nicht um eine der Gewerbeordnung unterliegende Tätigkeit, sondern um eine solche, welche in den Anwendungsbereich des ÄsthOpG fällt (s. dazu: *Holzer*, ZfG 2018, 7 m.w.N.).

7 ErläutRV: „Voraussetzungen für die Durchführung einer ästhetischen Operation (Abs. 3) im Sinne dieses Gesetzes sind entweder die Qualifikation als Fachärztin (Facharzt) für Plastische, Ästhetische und Rekonstruktive Chirurgie oder weitere Facharztqualifikationen unter Berücksichtigung des § 31 Abs. 3 Ärztegesetz 1998 oder die Qualifikation als Ärztin (Arzt) für Allgemeinmedizin, soweit diese den genannten Fachärztinnen (Fachärzten) gleichwertige Kenntnisse, Erfahrungen und Fertigkeiten nachgewiesen haben. Hier sind die Sonderfächer gemäß Ärztinnen-/Ärzte-Ausbildungsordnung 2006 – ÄAO 2006, BGBl. II Nr. 286/2006, heranzuziehen.“ S. dazu Anhang 9.

8 § 4 Abs. 3 regelt abschließend die für ästhetische Operationen erforderliche Qualifikation. Eine solche Qualifikation ist eine der gesetzlich normierten Pflichtangaben im Operationspass (§ 9 Abs. 2 Z 2).

Der Gesetzgeber hat bewusst keinen zusätzlichen Hinweis für Ärztinnen bzw. Ärzte vorgesehen, die nur zur Durchführung ästhetischer Behandlungen berechtigt sind. Dem Patientenschutz können im Sinne der Klarheit und Eindeutigkeit nur die im Gesetzestext genannten Hinweise dienen. Eine Ausweitung der zusätzlichen Hinweise auf nur ästhetische Behandlungen durchführende Ärztinnen (Ärzte) ohne die spezielle Qualifikation in § 4 Abs 3 ÄsthOpG widerspräche dagegen dem Regelungszweck; vgl. dazu: *Schmitt*, Das österreichische ÄsthOpG als Vorbild für Deutschland? Eine vergleichende Untersuchung zu rechtlichen Anforderungen an die Durchführung von ästhetischen Behandlungen (2019) 218 m.w.N.

9 ErläutRV: „Das Aufgabengebiet des Sonderfaches Plastische, Ästhetische und Rekonstruktive Chirurgie umfasst die Prävention, die Diagnostik, die operative und nicht-operative Behandlung, die Nachsorge und die fachspezifische Rehabilitation von Gewebe- und Funktionsdefekten am ganzen Körper, insbesondere bei Missbildungen, nach Unfällen, Tumoroperationen und Brandverletzungen, bei Tumoren insbesondere im Zusammenhang mit der Primärrekonstruktion, bei angeborenen oder erworbenen Formanomalien und Formveränderungen am ganzen Körper sowie bei ästhetischen Problemstellungen mittels verschiedener Methoden des Gewebetransfers und der Gewebetransplantation sowie alloplastischer Methoden zur funktionellen und ästhetischen Wiederherstellung oder Verbesserung. Da im Rahmen der entsprechenden Ausbildung zur Fachärztin (zum Facharzt) für Plastische, Ästhetische und Rekonstruktive Chirurgie die Voraussetzungen für die fachgerechte Durchführung von ästhetischen Behandlungen und Operationen umfassend vermittelt werden, sind diese grundsätzlich berechtigt, alle ästhetischen Operationen durchzuführen. Freilich sind dabei auch von diesen Fachärztinnen (Fachärzten) die subjektiven Fähigkeiten zu berücksichtigen (Sorgfaltsmaßstab, Einlassungsfahrlässigkeit)."

10 S. Anhang 1.

11 ErläutRV: „Weitere zur Durchführung ästhetischer Operationen im Rahmen ihrer Sonderfachbeschränkung berechtigte Fachärztinnen (Fachärzte) sind z.B. Fachärztinnen (Fachärzte) für Chirurgie, für Hals-, Nasen- und Ohrenkrankheiten, für Haut- und Geschlechtskrankheiten, für Mund-, Kiefer- und Gesichtschirurgie, für Augenheilkunde und Optometrie, für Kinder- und Jugendchirurgie, für Frauenheilkunde und Geburtshilfe oder für Urologie."

12 Zu den einschlägigen Erfordernissen s. §§ 4 ff. ÄrzteG. Unter Allgemeinmedizin wird die Grundversorgung aller Patientinnen (Patienten) mit körperlichen und seelischen Gesundheitsstörungen in Notfall-, Akut- und Langzeitversorgung sowie Prävention und Rehabilitation verstanden.

13 ErläutRV: „Ärztinnen (Ärzte) für Allgemeinmedizin dürfen ästhetische Operationen nur unter der Voraussetzung und insoweit durchführen, als sie den angeführten Fachärztinnen (Fachärzten) gleichwertige Kenntnisse, Erfahrungen und Fertigkeiten nachgewiesen haben."

14 Diese Nachweisverfahren sind gemäß § 12 Abs. 2 bis längstens 01.07.2013 abzuschließen.

15 S. dazu die Verwaltungsstrafbestimmung des § 11 Abs 1.

16 ErläutRV: „Turnusärztinnen (Turnusärzte) sind ausschließlich im Zusammenhang mit ihrer Ausbildung entsprechend den ärzterechtlichen Vorgaben zur Durchführung ästhetischer Behandlungen und Operationen berechtigt (Abs. 4)."

Der OGH judiziert aber, dass bei einer lege artis-Behandlung durch eine Turnusärztin (einen Turnusarzt) keine Haftung eintritt – auch bei einer Übertretung des Schutzgesetzes des § 3 Abs. 3 ÄrzteG –, wenn die Kausalität der Pflichtverletzung zumindest ernsthaft in Zweifel zu ziehen ist (OGH 30.05.2012, 8 Ob 52/12y).

17 Das sind in Ausbildung zur Ärztin (zum Arzt) für Allgemeinmedizin oder zur Fachärztin (zum Facharzt) befindliche Ärztinnen (Ärzte); vgl. § 3 Abs. 3 ÄrzteG.

18 ErläutRV: „Abs. 5 normiert eine Verordnungsermächtigung der Österreichischen Ärztekammer im übertragenen Wirkungsbereich für weitere ästhetische Operationen, die Festlegung weiterer zur Durchführung ästhetischer Operationen berechtigter Fachärztinnen (Fachärzte) – z.B. Fachärztin (Facharzt) für Chirurgie, für Hals-, Nasen- und Ohrenkrankheiten, für Haut- und Geschlechtskrankheiten, für Mund-, Kiefer- und Gesichtschirurgie u.a. – und über die von Ärztinnen (Ärzten) für Allgemeinmedizin nachzuweisenden gleichwertigen Kompetenzen einschließlich des entsprechenden Anerkennungsverfahrens, die zur Durchführung bestimmter ästhetischer Operationen berechtigen. Bei einer derartigen Festlegung wird jedenfalls darauf zu achten sein, dass bei fachärztlicher Behandlung die Leistung jedenfalls im Katalog des betreffenden ärztlichen Sonderfaches enthalten sein muss.“

19 ErläutRV: „Verfahren betreffend den Nachweis entsprechender Kenntnisse, Erfahrungen und Fertigkeiten von Allgemeinmedizinerinnen (Allgemeinmedizinern) sind im übertragenen Wirkungsbereich der Österreichischen Ärztekammer vorgesehen:

Individuelle Anerkennungsverfahren zur Berechtigung von Allgemeinmedizinerinnen (Allgemeinmedizinern) zu ästhetischen Operationen werden dem übertragenen Wirkungsbereich der Österreichischen Ärztekammer zugeordnet, da bei nicht medizinisch indizierten Operationen durch Allgemeinmedizinerinnen (Allgemeinmediziner) ein besonderer Schutz von Patienteninteressen gegeben ist.

Zudem bestehen für diese spezifischen Qualifikationen der Allgemeinmedizinerinnen (Allgemeinmediziner) keine spezifischen allgemeinmedizinischen Ausbildungsinhalte gemäß den einschlägigen Ausbildungsbestimmungen des Ärztegesetzes 1998 (§ 24 ÄrzteG 1998); ebenso sind diese Inhalte auch nicht Teil der Arztprüfung zur Ärztin (zum Arzt) für Allgemeinmedizin (§ 7 ÄrzteG 1998)."

19a S. dazu allgemein Anm. 15 f. zu § 9.

20 S. Anhang 1.

21 Eine Einschränkung der Methoden ästhetischer Operationen durch Verordnung der Ärztekammer ist nicht vorgesehen.

22 S. Anhang 20.

23 ErläutRV: „In Abs. 6 wird eine Verlautbarungspflicht der Österreichischen Ärztekammer bezüglich der zur Durchführung ästhetischer Operationen berechtigten Fachärztinnen (Fachärzte) und Ärztinnen (Ärzte) für Allgemeinmedizin festgelegt. Jene Ärztinnen (Ärzte), die zur Durchführung ästhetischer Operationen gemäß Abs. 3 berechtigt sind und solche auch tatsächlich durchführen, melden dies der Österreichischen Ärztekammer zur Verlautbarung."

24 Die Adresse dieser Website lautet derzeit wie folgt: www.aerztekammer.at.

25 Daraus ergeben sich die Verpflichtungen, eine gewartete Website aufrechtzuerhalten und die Veröffentlichung außerhalb eines allfälligen passwortgeschützten Bereiches vorzunehmen.

26 Die Verlautbarungsverpflichtung steht unter Strafsanktion (s. § 11).

27 ErläutRV: „Abs. 7 regelt eine gegenüber dem Ärztegesetz 1998 spezifizierte Fortbildungspflicht im Bereich der von der jeweiligen Ärztin (dem jeweiligen Arzt) angebotenen und durchgeführten ästhetischen Behandlungen und Operationen. Hierbei wird als Richtwert von einer Mindestdauer der Fortbildung in der Höhe von 150 Einheiten zu je 45 Minuten (vergleichbar den Vorgaben der Verordnung der Österreichischen Ärztekammer über die ärztliche Fortbildung) innerhalb eines Zeitraumes von drei Jahren auszugehen sein, wobei derartige Fortbildungen auf akademischem Niveau stattzufinden haben. Nähere Vorschriften hierzu sind von der Österreichischen Ärztekammer im übertragenen Wirkungsbereich durch Verordnung gemäß § 117b Abs. 2 Z 9 lit. a Ärztegesetz 1998 zu erlassen."

28 ErläutRV: „Zur vorgeschlagenen Wendung „spezielle fachspezifische Fortbildungen" ist anzumerken, dass das Wort „fachspezifische" der üblichen Terminologie für ärztliche Fortbildung entspricht, mit dem zusätzlichen Wort „spezielle" allerdings konkret zum Ausdruck gebracht werden soll, dass die Fortbildung in diesem Zusammenhang auf konkrete ästhetische Eingriffe abzustellen hat."

29 ErläutRV: „Die Patientin (der Patient) ist gemäß Abs. 8 über die berufsrechtliche Qualifikation der behandelnden Ärztin (des behandelnden Arztes) zu informieren. Dies betrifft im gegebenen Zusammenhang freilich die berufsrechtlichen Qualifikationen über ästhetische Eingriffe, keinesfalls wäre daraus ein Recht der Patientin (des Patienten) abzuleiten, Auskünfte über die Dauer des medizinischen Studiums, dabei erzielte Prüferfolge, die Länge der Turnuszeit oder auch über die Ausbildungsstätten zur Absolvierung des Turnus abzuverlangen."

30 ErläutRV: „Abs. 9 normiert in Ergänzung zu § 43 Ärztegesetz 1998 mögliche Hinweise, die im Zusammenhang mit dem Anbieten und der Durchführung ästhetischer Operationen von den hierzu berechtigten Ärztinnen (Ärzten) verwendet werden dürfen. Das Anführen derartiger Hinweise im Zusammenhang mit dem Anbieten oder der Durchführung von ästhetischen Operationen im Sinne dieses Bundesgesetzes ist ausschließlich Ärztinnen (Ärzten), die zur Durchführung dieser Eingriffe gemäß Abs. 3 berechtigt sind, erlaubt. Als Hinweis sind ausschließlich die in Z 1 und 2 angeführten Bezeichnungen zulässig."

Ungeachtet sowohl der klaren Formulierung im Gesetzestext als auch der in den ErläutRV nochmals erfolgten Klarstellung ist für *Maleczky* unklar was unter „Hinweis" im Einzelnen zu verstehen ist und subsumiert darunter selbstgewählte Bezeichnungen und Synonyme der „Schönheitsmedizin" (*Maleczky*, in: *Neumayr/Resch/Wallner* [Hg.], Gmundner Kommentar zum Gesundheitsrecht^{2} [Stand: 01.01.2022; rdb.at] Anm 6 zu § 4 ÄsthOpG).

31 Zu Werbebeschränkungen s. allgemein § 8.

Ärztliche Aufklärung[1]

§ 5. (1) Die Ärztin (Der Arzt) hat vor der Durchführung einer ästhetischen Operation[2] die Patientin (den Patienten) klar und verständlich über

1. **die Methode des Eingriffs,[3] [4]**
2. **Wesen, Bedeutung und Tragweite des Eingriffs,**
3. [5] **im Rahmen des Eingriffs angewendete Arzneimittel und deren Nebenwirkungen sowie Medizinprodukte einschließlich Implantate und deren Funktionsfähigkeit und Lebensdauer[6] [7],**
4. **alternative Behandlungsmöglichkeiten,**
5. **das in Aussicht gestellte Ergebnis des Eingriffs[8] und möglicher Abweichungen[9],**
6. **mit dem Eingriff verbundene Unannehmlichkeiten, mögliche Folgen, wie Narbenbildung[10], und Komplikationen[11] einschließlich der Beeinträchtigung von Organfunktionen, allenfalls unter Zuhilfenahme von beispielhaften Fotografien, sowie deren Behandlungsmöglichkeiten,**
7. [12] **die erforderliche Nachbehandlung einschließlich der voraussichtlichen Dauer der Arbeitsunfähigkeit und mögliche Spätfolgen, allfällig erforderliche Nachfolgeoperationen[13] einschließlich den Hinweis, dass diese Unfähigkeit der Arbeitsaufnahme als keine Arbeitsunfähigkeit im sozialversicherungs- und arbeitsrechtlichen Sinn[14] gelten könnte,**
8. [15] **sämtliche bekannte Gefahren des Eingriffs[16] und**

9.[17] sämtliche im Zusammenhang mit dem Eingriff stehende Kosten einschließlich zu erwartender Folgekosten (Abs. 6 bis 9)

umfassend mündlich und schriftlich[18] in einer für medizinische Laiinnen (Laien) verständlichen Sprache[19] aufzuklären. Ein allfälliger Verzicht auf diese ärztliche Aufklärung ist rechtsunwirksam.[20]

(2)[21] Entsteht im Rahmen der ärztlichen Aufklärung der Verdacht, dass bei der Patientin (dem Patienten) eine krankheitswertige psychische Störung vorliegt, deren Folge der Wunsch nach der ästhetischen Operation ist, so ist von der behandelnden Ärztin (vom behandelnden Arzt) vor Durchführung des Eingriffs eine Abklärung allfälliger psychischer Störungen einschließlich Beratung durch eine klinische Psychologin (einen klinischen Psychologen)[22] oder eine Fachärztin (einen Facharzt) für Psychiatrie und Psychotherapeutische Medizin zu veranlassen.[23]

(3) In den Fällen des § 7 sind zusätzlich die Erziehungsberechtigten oder erforderlichenfalls die gesetzliche Vertreterin (der gesetzliche Vertreter)[24] gemäß § 1034 ABGB im Sinne des Abs. 1 aufzuklären.

(4)[25] Die erfolgte ärztliche Aufklärung ist schriftlich in gut lesbarer Form zu dokumentieren und von der Patientin (dem Patienten) sowie in den Fällen des § 7 zusätzlich von den Erziehungsberechtigten oder der gesetzlichen Vertreterin (dem gesetzlichen Vertreter) gemäß § 1034 ABGB erforderlichenfalls durch deren (dessen) Unterschrift zu bestätigen.[26]

(5)[27] Die Ärztin (Der Arzt) hat im Rahmen ihrer (seiner) Dokumentationspflicht[28] eine Fotodokumentation über

1. den Status vor dem geplanten Eingriff und
2. das Ergebnis des durchgeführten Eingriffs[29]

anzulegen.

(6)[30] Im Rahmen der ärztlichen Aufklärung über die Kosten[31] der ästhetischen Operation (Abs. 1 Z 9) ist die Patientin (der Patient) insbesondere auch darüber zu informieren, dass die Behandlungskosten nicht von einem inländischen Träger der Sozialversicherung oder der Krankenfürsorge übernommen werden[32] und dass diese von der Patientin (vom Patienten) zu tragen sind.

(7)[33] [34] Die ärztliche Aufklärung über die von der Patientin (vom Patienten) zu tragenden Kosten der ästhetischen Operation (Abs. 1 Z 9) hat in Form eines schriftlichen Kostenplans zu erfolgen, sofern

1. im Hinblick auf die Art und den Umfang der Behandlung wesentliche Kosten (Abs. 8) anfallen,
2. die Kosten die in der jeweils geltenden privatärztlichen Honorarordnung der entsprechenden Ärztekammer festgelegte Honorarhöhe übersteigen oder
3. dies die Patientin (der Patient) verlangt.

(8) Wesentliche Kosten im Sinne des Abs. 7 Z 1 sind 70 % der von Statistik Austria gemäß volkswirtschaftlicher Gesamtrechnung laut ESVG 1995 ermittelten Nettolöhne und Gehälter, nominell, monatlich je Arbeitnehmerin (Arbeitnehmer). Die Österreichische Ärztekammer hat im übertragenen Wirkungsbereich die wesentlichen Kosten ein Mal

jährlich bis längstens 1. Oktober jeden Jahres auf ihrer Website[35] auszuweisen.

(9) Die Ärztin (Der Arzt) hat gegebenenfalls die Inhalte der jeweils geltenden privatärztlichen Honorarordnung der entsprechenden Ärztekammer in einer für die Patientinnen (Patienten) gut sichtbaren Form zugänglich zu machen und eine schriftliche Ausfertigung der Patientin (dem Patienten) auszuhändigen.

1 ErläutRV: „Obwohl der Wunsch der Patientin (des Patienten) die Grundlage für jede ästhetische Operation bildet, wird in § 5 eine umfassende Pflicht zur Aufklärung und Information der Patientin (des Patienten) durch die Ärztin (den Arzt) vor Durchführung einer ästhetischen Operation in Anlehnung an das Fortpflanzungsmedizingesetz, BGBl. 275/1992, normiert. Insbesondere sollen unrealistische Erwartungen an die ästhetische Operation möglichst vermieden und mit dem Eingriff verbundene Komplikationsrisiken und Folgen (wie etwa Narbenbildung, Fremdgewebs- und Fremdkörperreaktionen, Probleme beim Stillen, Beeinträchtigung von Organfunktionen, u.a.) bereits im Vorfeld aufgezeigt werden. Um das Komplikationsrisiko abzuschätzen, ist eine genaue Anamnese (insbesondere bestehende Krankheiten, Operationen, Nikotinabusus, Medikamenteneinnahme, familiäres Risiko, u.a.) zu erheben. Behandlungsmöglichkeiten, Operationstechnik, mögliche Komplikationen, Folgen und Risiken sowie Nachbehandlung und die voraussichtliche Dauer der Berufsunfähigkeit sind detailliert mit der Patientin (dem Patienten) zu besprechen und zu klären."

2 Die spezielle Aufklärungspflicht gilt nicht für ästhetische Behandlungen (§ 3 Abs. 1 Z 2). Diese unterliegen allerdings wie jede ärztliche Behandlung den allgemeinen medizinrechtlichen Aufklärungspflichten. Darüber hinaus stellt die Judikatur des OGH bei rein kosmetischen Eingriffen ohne medizinische Indikation seit jeher besonders strenge Anforderungen an die ärztliche Aufklärungspflicht (z.B. OGH 04.07.1991, 6 Ob 558/91 JBl 1992, 520 [*Apathy*]; 27.02.2009, 6 Ob 122/07w; 17.11.2009, 1 Ob 218/09d). In diesen Entscheidungen fordert der OGH eine ausdrückliche Aufklärung darüber, dass das Ziel der optischen Verbesserung des Aussehens aus von der Ärztin (vom Arzt) nicht beeinflussbaren physiologischen oder psychologischen Gründen ganz oder teilweise nicht erreicht werden könnte. Diese Art der speziellen Aufklärung ist auch bei ästhetischen Behandlungen verpflichtend.

3 Beispiele für solche Methoden sind in § 4 Abs. 1 genannt.

4 Sollen bei einem Patienten (einer Patientin) zwei Eingriffe vorgenommen werden, so ist dieser (diese) über die Vor- und Nachteile einer in einem gemeinsamen Vorgang durchgeführten Operation gegenüber zwei getrennten Eingriffen aufzuklären. Liegt mangels ausreichender Aufklärung eine eigenmächtige Behandlung vor, haftet die Ärztin bzw. der Arzt nicht nur für jene Risiken, über die er aufzuklären gehabt hätte und für die er eine Aufklärung unterließ, sondern auch für die Verwirklichung besonders seltener Risiken, für die gar keine Aufklärungspflicht bestand; s. dazu OGH 18.10.2022, 4 Ob 172/22f DAG 2022/58, der eine Operation, die gleichzeitig eine Brustvergrößerung und eine Verkleinerung der Warzenhöfe umfasste, zugrunde lag.

5 ErläutRV: „Zu Abs. 1 Z 3 ist klarzustellen, dass selbstverständlich bei Notwendigkeit einer Anästhesie die (den) zuständigen Fachärztin (Facharzt) für Anästhesiologie und Intensivmedizin eine entsprechende zusätzliche Aufklärungspflicht betreffend die Risken der Narkose und die bei der Narkose zum Einsatz kommenden Arzneimittel trifft. Gleiches gilt für andere eingebundene Fachärztinnen (Fachärzte) entsprechend ihrer Fachkompetenz."

Die Aufklärung über die Gefahren einer Narkose hat grundsätzlich bereits stattzufinden, bevor alle Vorbereitungen für die Vollnarkose getroffen sind (OGH 15.03.2001, 6 Ob 258/00k).

6 S. die Anhänge 10 und 11.

7 Ein Beispiel dazu findet sich in der Entscheidung des OGH 27.02.2009, 6 Ob 122/07w betreffend eine Brustvergrößerung: Nach der lege artis durchgeführten Operation trat eine sichtbare Kontur des Implantats an der Innenseite der rechten Brust auf. In der Folge kam es zu einer Rotation des Implantats der linken Brust. Mit der Zeit wurde eine unnatürliche Form der Brüste immer deutlicher; die linke Brust saß zuletzt etwa 1,5 cm höher als die rechte.

8 Hier ist für die Ärztin (den Arzt) besondere Sorgfalt geboten, denn das in Aussicht gestellte Ergebnis ist die Grundlage für den Abschluss des Behandlungsvertrags und die Einwilligung in die ästhetische Operation. In dem zu OGH 04.07.1991, 6 Ob 558/91 entschiedenen Fall unterzog sich eine Patientin einer Operation zur Verkleinerung der Kinnpartie, deren Ausmaß auf einem Foto der Patientin mit einer strichlierten Linie festgehalten worden war. Durch die Operation wurden aber nur 50 % der auf dem Foto als möglich eingezeichneten Reduktion erreicht.

9 Wird eine Ärztin (ein Arzt) mit einer realitätsfremden Erwartungshaltung der Patientin (des Patienten) konfrontiert, muss „offen und schonungslos" (OGH 17.11.2009, 1 Ob 218/09d) darüber aufgeklärt werden, dass die Zielvorstellungen der Patientin (des Patienten) durch die ästhetische Operation nicht immer gänzlich verwirklicht werden können.

10 Zur Aufklärungspflicht im Hinblick auf die Bildung von Narben besteht eine reichhaltige Judikatur des OGH; im Zusammenhang mit ästhetischen Operationen s. z.B. 29.01.2001, 3 Ob 87/00s (Blutegeltherapie gegen Besenreiser und Krampfadern), 28.02.2008, 8 Ob 129/07i (subkutane Mastektomie bei Gynäkomastie); 17.11.2009, 1 Ob 218/09d (Facelifting und Straffung des Doppelkinns) und 22.06.2010, 10 Ob 31/10x (Bruststraffung nach Gewichtsabnahme).

11 Gemeint sind in diesem Zusammenhang Komplikationen, die sich auch bei einer lege artis durchgeführten ästhetischen Operation ergeben können. Betreffend Komplikationen nach fehlerhaft durchgeführten ästhetischen Behandlungen und Operationen s. § 10.

12 ErläutRV: „Unter Abs. 1 Z 7 ist zu verstehen, dass die behandelnde Ärztin (der behandelnde Arzt) im Rahmen des Aufklärungsgesprächs generelle Hinweise auf mögliche Konsequenzen sozialversicherungs- und arbeitsrechtlicher Art zu geben hat. Dies kann auch durch einen standardisierten Hinweis erfolgen. Ein derart pauschaler Hinweis verlangt selbstverständlich von Ärztinnen (Ärzten) keine Auskünfte im rechtlichen Sinn."

13 Der Frage der medizinischen Indikation für die vorgenommene Nachoperation kommt grundsätzlich keine Relevanz für die Aufklärungspflicht vor der ästhetischen Operation zu (OGH 26.06.2007, 10 Ob 50/07m; OGH 08.06.2010, 4 Ob 12/10h).

14 Diese Vorschriften stellen auf eine „Arbeitsunfähigkeit infolge Krankheit" ab.

15 ErläutRV: „Die in Abs. 1 Z 8 normierte Aufklärung ist bereits derzeit in standardisierten Aufklärungsblättern vorgesehen. In diesem Zusammenhang ist auf die einschlägige Rechtsprechung des Obersten Gerichtshofs zu „erhöhtem" bzw. „verschärftem Aufklärungsbedürfnis" hinzuweisen."

16 Dazu zählen eingriffsspezifische Gefahren, spezifische Gefahren auf Seiten der Patientin (des Patienten) (wie z.B.

Vorerkrankungen oder anatomische Regelwidrigkeiten; s. etwa OGH 27.02.2009, 6 Ob 122/07w) und Gefahren aus der Sphäre der Ärztin (des Arztes) (wie z.B. die Verwendung eines neuen oder nicht üblichen Materials).

17 ErläutRV: „Die Aufklärung über die mit dem Eingriff im Zusammenhang stehenden Kosten (Abs. 1 Z 9) beinhaltet auch eine Information über die zu erwartenden Folgekosten, wobei hier auf die üblichen bei entsprechenden Eingriffen als Folge der Operation entstehenden Kosten abzustellen sein wird."

18 Das Schriftformgebot des § 5 Abs 1 ÄsthOpG dient nicht (nur) Beweiszwecken, sondern soll erkennbar auch sicherstellen, dass die Patientin bzw. der Patient tatsächliche Kenntnis von den relevanten Informationen erhält, die mitunter umfänglich und in einem mündlichen Gespräch in ihrer Bedeutung und Tragweite nicht leicht einschätzbar sind. Gleichzeitig fördert die Schriftlichkeit der Aufklärung, dass sich die Patientin bzw. der Patient der Ernsthaftigkeit der jeweiligen Information besser bewusst wird.

Das Schriftformgebot des § 5 Abs 1 ÄsthOpG ist überdies im Zusammenhang mit der Wartefrist des § 6 Abs 1 ÄsthOpG zu sehen, deren Schutzzweck (ebenfalls) darin besteht, den Patientinnen bzw. Patienten eine reifliche Überlegung und Reflexion zu ermöglichen, um eine Einwilligung in die Behandlung oder allenfalls ihre Zurückziehung möglich zu machen. Diese reifliche Überlegung und Reflexion wird durch eine schriftliche Aufklärung gefördert, weil die Patientin bzw. der Patient die Informationen innerhalb der Wartefrist jederzeit verfügbar hat, sie nachlesen und nachprüfen kann.

Das Schriftformgebot des § 5 Abs 1 ÄsthOpG ist somit Ausdruck der Selbstbestimmung, so dass ein Verstoß dagegen zu einer mangelhaften Aufklärung der Patientin (des Patienten) führt, was – bei Vorliegen der sonstigen Voraussetzungen – Schadenersatzansprüche auslösen kann. Bei

Aufklärungsdefiziten i.S.d. ÄsthOpG (Verstoß gegen das Schriftformgebot), die dazu führen, dass eine ästhetische Operation als rechtswidriger Eingriff in die körperliche Integrität zu beurteilen ist, steht der behandelnden Ärztin (dem behandelnden Arzt) der im Schadenersatzrecht nur in Ausnahmefällen ausgeschlossene Einwand des rechtmäßigen Alternativverhaltens zu; vgl. zu all dem: OGH 27.09.2023, 9 Ob 47/23m JBl 2023, 788 ff.

19 Das bedeutet, dass interne Codes, medizinische Abkürzungen und fremdsprachige Ausdrücke dabei in der Regel nicht verwendet werden dürfen.

20 Beim allgemeinen ärztlichen Behandlungsvertrag wird, wenn die Patientin (der Patient) der Ärztin (dem Arzt) ausdrücklich die notwendigen Entscheidungen überlässt, von einem entsprechenden Aufklärungsverzicht ausgegangen.

21 ErläutRV: „Um zu verhindern, dass eine ästhetische Operation bei Personen durchgeführt wird, deren Wunsch nach einer ästhetischen Veränderung Folge einer entsprechenden krankheitswertigen psychischen Störung ist, hat die behandelnde Ärztin (der behandelnde Arzt) eine entsprechende Abklärung samt Beratung vor Durchführung des betreffenden Eingriffs zu veranlassen, wenn der Verdacht auf eine derartige Störung im Rahmen der ärztlichen Aufklärung hervorkommt.“

22 Klinische Psychologinnen (Psychologen) müssen gemäß § 12 Abs. 1 Z 2 PsychologenG (BGBl. 360/1990 i.d.g.F.) eine psychologische Tätigkeit von zumindest mehr als 800 Stunden im Rahmen einer facheinschlägigen Einrichtung des Gesundheitswesens absolviert haben. § 7 Abs. 2 Z 2 ÄsthOpG schafft eine gesetzliche Durchbrechung der Verschwiegenheitspflicht gemäß § 14 PsychologenG. Psychotherapeutinnen (Psychotherapeuten) sind zur Abklärung allfälliger psychischer Störungen im Sinne des Gesetzes nicht berechtigt.

23 ErläutRV: „Auch psychische Störungen wie die Körperdysmorphen Störungen oder Essstörungen sind als Motivation für eine ästhetische Operation zu sehen, wobei jedenfalls die Körperdysmorphen Störungen als Kontraindikation für eine ästhetische Operation gelten. Selbst objektiv gesehen sehr gute operative Ergebnisse können in diesen Fällen zu keiner Zufriedenheit der Patientin (des Patienten) führen und sich – im Gegenteil – auf einen anderen Körperteil verlagern, dessen Operation dann ebenfalls angestrebt wird. Essstörungen führen auf Grund der zugrundeliegenden Körperbild- und Körperschemastörung zum Wunsch nach einer ästhetischen Operation. Es handelt sich daher bei dieser Störung ebenfalls um eine klare Kontraindikation eine ästhetische Operation vorzunehmen. Weiters sind die Störungsbilder Anorexia nervosa, Bulimia nervosa und Binge Eating Disorder verheimlichte psychische Störungen, die das Risiko einer medizinischen Komplikation erhöhen und der Ärztin (dem Arzt) häufig verschwiegen werden. Gravierende körperliche Folgeerkrankungen sind Herzrhythmusstörungen, Herz-Kreislauf-Probleme, endokrinologische Störungen etc. Darüber hinaus haben diverse epidemiologische Studien unabhängig voneinander gezeigt, dass Frauen, die eine Brustvergrößerung durchführen ließen, ein erhöhtes Suizidrisiko hatten. Die Autorinnen und Autoren führten dieses erhöhte Suizidrisiko auf das Vorliegen von präoperativen psychischen Störungen und psychischen Vorerkrankungen, geringen Selbstwert und Beziehungsprobleme zurück. Aus diesem Grund sind im Falle des Verdachts einer psychischen Störung die Hoffnungen und Motivationen, die die Patientinnen mit der Brustvergrößerung verbinden, durch entsprechend ausgebildete Psychologinnen (Psychologen) bzw. Fachärztinnen (Fachärzte) in einem Beratungsgespräch, einer Anamnese und einer testpsychologischen bzw. psychiatrischen Untersuchung festzustellen."

24 Die Ersetzung des bisherigen gesetzlichen Begriffes der Sachwalterin (des Sachwalters) in § 5 Abs. 3 und Abs. 4

ÄsthOpG sowie auch in § 7 ÄsthOpG durch die Erwachsenenvertreterin (den Erwachsenenvertreter) erfolgte im Zuge der Novelle BGBl I 59/2018 in Umsetzung des 2. Erwachsenenschutz-Gesetz (2. ErwSchG), das am 25.04.2017 im Bundesgesetzblatt I 59/2017 veröffentlicht und mit 01.07.2018 in Kraft getreten ist.

Die maßgeblichen Überlegungen für die mit BGBl I 59/2018 umgesetzte Novelle der Bestimmung des § 5 Abs 3 und Abs. 4 ÄsthOpG finden sich in den ErläutRV 191 BlgNR 26. GP, 1 ff:

„Im Mittelpunkt der Reform des Vertretungsrechts steht die Förderung der Selbstbestimmung von Menschen, die auf Grund einer psychischen Krankheit oder einer vergleichbaren Beeinträchtigung in ihrer Entscheidungsfähigkeit eingeschränkt sind. Um die Zielsetzung zu erreichen, wurden vier verschiedene Möglichkeiten der Vertretung geschaffen, die jeweils von der Beeinträchtigung der Entscheidungsfähigkeit abhängen: Der gerichtliche Erwachsenenvertreter ersetzt den Sachwalter. Seine Befugnisse sind aber deutlicher als nach geltendem Recht auf bestimmte Vertretungshandlungen beschränkt, eine Erwachsenenvertretung für alle Angelegenheiten wird es nicht geben. Die Wirkungsdauer einer solchen Vertretung wird mit Erledigung der Aufgabe bzw. spätestens drei Jahre nach Bestellung enden.“

25 ErläutRV: „Die ärztliche Aufklärung ist zur lückenlosen Nachvollziehbarkeit zu dokumentieren (Abs. 4 und 5), wobei eine Spezifizierung der in § 51 Ärztegesetz 1998 vorgesehenen Dokumentationspflicht erfolgt. Die schriftliche Dokumentation hat die Anamnese und sämtliche Inhalte des Patienten/Ärztin(Patienten/Arzt)-Gespräches zu enthalten und ist sowohl von der Patientin (dem Patienten) als auch der Ärztin (dem Arzt) zu unterfertigen. Die Verwendung standardisierter Aufklärungsblätter als Grundlage für die Aufklärung und Dokumentation ist möglich, allerdings wären diese auf die individuelle Patientin (den individuellen

Patienten) anzupassen und entsprechend detailliert zu ergänzen sowie gemeinsam mit der Patientin (dem Patienten) Punkt für Punkt durchzugehen und zu erläutern.“

26 Die spezielle Dokumentationspflicht gilt auch für die Durchführung von Schönheitsoperationen in Krankenanstalten oder Ambulatorien; vgl. dazu etwa bei: *Schmitt*, Das österreichische ÄsthOpG als Vorbild für Deutschland? Eine vergleichende Untersuchung zu rechtlichen Anforderungen an die Durchführung von ästhetischen Behandlungen (2019) 248 m.w.N.

27 ErläutRV: „Bei der Fotodokumentation (vor und nach der Operation) gemäß Abs. 5 sind insbesondere ein einheitlicher Hintergrund, standardisierte Aufnahmen und gegebenenfalls ein ungeschminktes Gesicht zu beachten. Die Fotodokumentation ist verpflichtend als Voraussetzung für die Durchführung der ästhetischen Operation erforderlich. Klarzustellen ist, dass sich aus dieser Berufspflicht der Ärztin (des Arztes) eine Duldungspflicht der Patientin (des Patienten) in teilweiser Einschränkung von bereits im ABGB geschützten Persönlichkeitsrechten (vgl. §§ 16 und 1328a ABGB) ergibt. Bei einer Unterlassung der Mitwirkung an der ärztlichen Aufklärungs- und Dokumentationspflicht kann die ästhetische Operation nicht durchgeführt werden, zumal diese Duldungspflicht für die Patientin (den Patienten) jedenfalls zumutbar ist.

Die spezielle Dokumentationspflicht ist selbstverständlich uneingeschränkt auch bei Durchführung des Eingriffs in einer Krankenanstalt oder einem Ambulatorium zu beachten. Diese ergibt sich nach der herrschenden Lehre und Judikatur auch bereits unmittelbar aus dem Behandlungsvertrag als vertragliche Nebenpflicht (vgl. SZ 57/98).“

Detailliert zu Mitwirkungspflichten allgemein: *Dullinger*, Mitwirkungspflichten des Patienten im Rahmen der ärztlichen Behandlung, RdM 2012, 222 ff.

28 ErläutRV: „Für die Aufnahme von medizinisch nicht indizierten Eingriffen in die Krankengeschichte kann § 10 Abs. 1 Krankenanstalten- und Kuranstaltengesetz (KAKuG), BGBl. Nr. 1/1957, herangezogen werden."

29 Die Rechtsfolge, dass bei Nicht-Duldung der Fotodokumentation durch die Patientin (den Patienten) die ästhetische Operation nicht durchgeführt werden kann, kann bei der postoperativen Fotodokumentation natürlich nicht mehr eintreten.

30 ErläutRV: „Die Abs. 6 bis 9 sehen in Analogie zum Zahnärztegesetz besondere Regelungen betreffend die Aufklärung über die Kosten vor. Im Hinblick auf die Verpflichtung zur Erstellung eines schriftlichen Kostenplans ist darauf hinzuweisen, dass – ausgehend von der Tatsache, dass Ärztinnen (Ärzte) Unternehmerinnen (Unternehmer) und Patientinnen (Patienten) Konsumentinnen (Konsumenten) im Sinne des Konsumentenschutzgesetzes (KSchG), BGBl. Nr. 140/1979, sind – die vorgesehene Bestimmung die allgemeinen Regelungen des KSchG, insbesondere betreffend Kostenvoranschläge, im Hinblick auf die berufsspezifischen Erfordernisse spezifiziert."

31 ErläutRV: „Auch die Kosten des Eingriffs müssen mündlich und schriftlich offengelegt werden, wobei darauf zu achten ist, dass zusätzlich zu den Kosten des eigentlichen Eingriffs auch die Kosten für allfällige Voruntersuchungen und die Kosten für eventuell notwendige Begleit-Untersuchungen etwa hinsichtlich einer internistischen oder anästhesiologischen Operations-Freigabe (Lungenröntgen, Labor, Gerinnung etc.), somit alle im Zusammenhang mit dem beabsichtigten Eingriff stehenden Kosten, von der Patientin (vom Patienten) zu tragen sind und nicht von Dritten (etwa einem inländischen Sozialversicherungsträger) übernommen werden. Klarzustellen ist in diesem Zusammenhang, dass die Anerkennung einer „medizinischen Indikation" zur

Kostenübernahme der Bewilligung des Krankenversicherungsträgers im konkreten Einzelfall bedarf. Erforderlichenfalls hat im Zweifelsfall eine Anfrage der Patientin (des Patienten) an den gesetzlichen Sozialversicherungsträger im Vorfeld des Eingriffs zu erfolgen. Weiters sind die Patientinnen (Patienten) und deren Erziehungsberechtigte bzw. Sachwalterinnen (Sachwalter) [jetzt: gesetzliche/r Vertreter/in] darauf hinzuweisen, dass auch die Kosten einer psychologischen bzw. psychiatrischen Beratung und klinisch-psychologischen bzw. psychiatrischen Diagnostik (§ 5 Abs. 2 und § 7 Abs. 2) von der Patientin (dem Patienten) zu tragen sind."

32 ErläutRV: „Hinsichtlich der Kostenübernahme durch Krankenversicherungsträger wird auf die Erläuterungen zu § 3 hingewiesen."

33 § 5 Abs. 7 bis 9 ist § 18 Abs. 3 bis 5 ZÄG (BGBl. I 126/2005 idgF) nachgebildet.

34 ErläutRV: „Den Anforderungen der Praxis folgend ist demnach ein schriftlicher Kostenplan ab einem bestimmten Kostenumfang, der mit einem durchschnittlichen Monatseinkommen beziffert wird, sowie bei Abweichen von der privatärztlichen Honorarordnung der jeweiligen Ärztekammer verpflichtend vorgesehen. Das durchschnittliche Monatseinkommen betrug für das Jahr 2010 gemäß volkswirtschaftlicher Gesamtrechnung der Statistik Austria laut „Europäischem System Volkswirtschaftlicher Gesamtrechnung" € 2.250,00 monatlich je Arbeitnehmer und Arbeitnehmerin. Darüber hinaus kann die Patientin (der Patient) selbst einen schriftlichen Kostenplan verlangen, wobei in diesem Fall im Vorhinein die Entgeltlichkeit dieses Kostenvoranschlags vereinbart werden kann (vgl. § 5 KSchG). Im Sinne der Transparenz sind – vergleichbar mit diversen gewerberechtlichen Regelungen – eine Aushangspflicht der die Kosten betreffenden Informationen sowie die Aushändigung einer Ausfertigung an die Patientin (den Patienten) in Abs. 9 vorgesehen."

35 Die Adresse dieser Website lautet derzeit wie folgt: www.aerztekammer.at.

Einwilligung[1 2]

§ 6. (1) Eine ästhetische Operation[3] darf nur durchgeführt werden, wenn die Patientin (der Patient) nach umfassender ärztlicher Aufklärung (§ 5) ihre (seine) Einwilligung[4] nachweislich dazu erteilt hat.[5] Bei einer ästhetischen Operation ist überdies eine Frist von zumindest zwei Wochen zwischen der abgeschlossenen[6] ärztlichen Aufklärung und der Einwilligung einzuhalten.[7 8 9] Der Bundesminister für Gesundheit kann durch Verordnung für Personen ohne Wohnsitz[10] in Österreich, die nur zum Zweck der Vornahme einer ästhetischen Operation nach Österreich einreisen, eine kürzere Frist, die zumindest eine Woche zu betragen hat, bestimmen.[11] Dabei ist auf den mit der Reise verbundenen Aufwand, insbesondere die Wegstrecke, Bedacht zu nehmen.

(2)[12] Die Einwilligung der Patientin (des Patienten) gemäß Abs. 1 ist schriftlich zu dokumentieren. Die Einwilligung muss datiert und mit der Unterschrift der Patientin (des Patienten) und der behandelnden Ärztin (des behandelnden Arztes) versehen werden. Sofern die Patientin (der Patient) dazu nicht in der Lage ist, muss die Einwilligung vor einer (einem) von der Patientin (dem Patienten) beizustellenden unabhängigen Zeugin (Zeugen) abgegeben werden, die (der) die Einwilligung durch ihre (seine) Unterschrift zu bestätigen hat. Eine Kopie der unterfertigten schriftlichen ärztlichen Aufklärungs- und Einwilligungsunterlagen ist der Patientin (dem Patienten) auszuhändigen.

(3) Eine ästhetische Operation darf frühestens an dem, dem Tag des Vorliegens der gemäß Abs. 1

und 2 zu erteilenden Einwilligung folgenden Tag, erfolgen.[13]

1 Die Einwilligung in die ästhetische Operation ist vom Abschluss des Behandlungsvertrages streng zu trennen. Die Einwilligung ist keine rechtsgeschäftliche Erklärung, sondern Ausfluss des höchstpersönlichen Rechts der Selbstbestimmung.

2 ErläutRV: „Die Durchführung einer ästhetischen Operation sollte ohne Zeitdruck, auf Grund einer bewussten Entscheidung und erst nach reiflicher Überlegung und Reflexion durch die Patientin (den Patienten) erfolgen. Zusätzlich soll durch die Wartefrist von mindestens zwei Wochen bei ästhetischen Operationen die Möglichkeit der Einholung von weiteren Fachmeinungen gegeben sein."

3 Die speziellen Vorschriften über die Einwilligung gelten nur für ästhetische Operationen, nicht für ästhetische Behandlungen (§ 3 Abs. 1 Z 2). Diese unterliegen allerdings wie jede ärztliche Behandlung den allgemeinen medizinrechtlichen Einwilligungserfordernissen.

4 ErläutRV: „Es ist davon auszugehen, dass die Österreichische Ärztekammer oder die Ärztekammer in den Bundesländern im Sinne ihres Serviceverständnisses für ihre Kammermitglieder entsprechende Unterlagen auf Anfrage kostenlos zur Verfügung stellen werden."

5 Damit wird eine über § 51 ÄrzteG hinausgehende Dokumentationspflicht geschaffen.

6 Im Falle der Notwendigkeit einer Abklärung allfälliger psychischer Störungen (§ 5 Abs. 2) ist die Aufklärung erst dann abgeschlossen, wenn auch über das Ergebnis dieser Abklärung aufgeklärt worden ist.

7 Die Operation darf gemäß Abs. 3 am Tag der Einwilligung nicht mehr durchgeführt werden. Für besonders geschützte Personengruppen (§ 7) ist zusätzlich eine Frist von vier Wochen ab dem Vorliegen der zu erteilenden Einwilligungen zu beachten (§ 7 Abs. 5).

8 Anders als bei Dokumentationspflichten oder dem Schriftlichkeitsgebot handelt es sich bei der Zweiwochenfrist gemäß § 6 Abs 1 ÄsthOpG nicht um eine bloße Form- oder Ordnungsvorschrift. Aufklärungs- und/oder Einwilligungsdefizite führen im Kontext des ÄsthOpG zivilrechtlich dazu, dass die ästhetische Behandlung oder Operation als rechtswidriger Eingriff in die körperliche Integrität beurteilt werden muss, wenn der Eingriff vor Ablauf der Frist erfolgt; s.dazu: OGH 31.08.2018, 6 Ob 120/18t bzw. OGH 18.10.2022, 4 Ob 172/22f.

9 Gemäß Entscheidung des OGH vom 18.03.2021, 5 Ob 229/20t ist ein vor dem Ablauf der Wartefrist nach dem Gesetz über die Durchführung von ästhetischen Behandlungen und Operationen durchgeführter Eingriff als eigenmächtige Behandlung grundsätzlich rechtswidrig. Der Ärztin bzw. dem Arzt steht jedoch der Einwand zu, die Patientin bzw. der Patient hätte dem Eingriff auch bei Einhaltung einer zweiwöchigen Frist zwischen Aufklärung und Einwilligung zugestimmt. Der OGH stellt damit klar, dass der Einwand des rechtmäßigen Alternativverhaltens im Anwendungsbereich des ÄsthOpG ebenfalls erhoben werden kann; dazu näher: *Niernberger,* Zum Einwand des rechtmäßigen Alternativverhaltens bei ästhetischen Behandlungen und Operationen ohne medizinische Indikation, JMG 2021, 184 ff.

10 Ein Wohnsitz ist gemäß § 1 Abs. 6 MeldeG an einer Unterkunft begründet, an der man sich in der erweislichen oder aus den Umständen hervorgehenden Absicht niedergelassen hat, dort bis auf weiteres einen Anknüpfungspunkt von Lebensbeziehungen zu haben.

11 ErläutRV: „Für ausländische Patientinnen (Patienten) wird eine Verordnungsermächtigung des Bundesministers für Gesundheit zur Verkürzung dieser Frist, die jedoch mindestens eine Woche zu betragen hat, normiert. Für die Festlegung dieser verkürzten Frist wird insbesondere auf die zurückzulegende Wegstrecke Bedacht zu nehmen sein."

12 ErläutRV: „Die Einwilligung durch die Patientin (den Patienten) hat verpflichtend in schriftlicher Form zu erfolgen, wobei eine ästhetische Operation frühestens am Tag nach der erfolgten Einwilligung durchgeführt werden darf."

13 Die Einwilligung kann – auf Grund des Selbstbestimmungsrechts der Patientin (des Patienten) – jederzeit und ohne Angabe von Gründen widerrufen werden. Nach hL (*Kletecka-Pulker*, Rechtsgrundlagen der Behandlung, in: *Aigner/Kletecka/Kletecka-Pulker/Memmer* [Hg.], Handbuch Medizinrecht für die Praxis [30. Erg.-Lfg. 2024] Rz I/26 wird mit dem Widerruf der Einwilligung gleichzeitig auch der Behandlungsvertrag gekündigt (Rücktritt vom Vertrag).

Besonderer Schutz bestimmter Personengruppen[1 2]

§ 7. (1)[3] Eine ästhetische Behandlung oder Operation an Personen, die das 16. Lebensjahr noch nicht vollendet haben, ist unzulässig.[4]

(2)[5] Eine ästhetische Behandlung[6] oder Operation darf an Personen, die das 16. Lebensjahr vollendet und das 18. Lebensjahr noch nicht vollendet haben, nur durchgeführt werden, wenn[7]

1.[8] die Einwilligung durch die Erziehungsberechtigten[9 10]nach entsprechender umfassender ärztlicher Aufklärung gemäß § 5 nachweislich und schriftlich gemäß § 6 Abs. 2 erteilt wurde und

2. die Einwilligung durch die Patientin (den Patienten), die (der) nach entsprechender umfassender ärztlicher Aufklärung (§ 5) in der Lage ist, Wesen, Bedeutung, Tragweite und Risiken der ästhetischen Behandlung oder Operation einzusehen und ihren (seinen) Willen danach zu bestimmen, nachweislich und schriftlich gemäß § 6 Abs. 2 erteilt wurde. Bei einer ästhetischen Operation hat zusätzlich vor Durchführung des Eingriffs nachweislich eine Abklärung allfälliger psychischer Störungen einschließlich Beratung durch eine klinische Psychologin (einen klinischen Psychologen)[11], eine Fachärztin (einen Facharzt) für Psychiatrie und Psychotherapeutische Medizin oder eine Fachärztin (einen Facharzt) für Kinder- und Jugendpsychiatrie zu erfolgen. Das Vorliegen einer krankheitswertigen psychischen Störung schließt die Durchführung des Eingriffs aus[12], sofern im Rahmen der erfolgten

Abklärung festgestellt wurde, dass der Wunsch nach dem Eingriff Folge dieser Störung ist.[13]

(3) Eine ästhetische Behandlung oder Operation darf an Personen, denen infolge einer psychischen Krankheit[14] **oder geistigen Behinderung**[15] **zur Vertretung hinsichtlich medizinischer Behandlungen eine gesetzliche Vertreterin (ein gesetzlicher Vertreter)**[16] **bestellt ist, nur dann durchgeführt werden, wenn die Einwilligung durch die Patientin (den Patienten), sofern sie (er) nach entsprechender umfassender ärztlicher Aufklärung (§ 5) in der Lage ist, Wesen, Bedeutung, Tragweite und Risiken der ästhetischen Behandlung oder Operation einzusehen und ihren (seinen) Willen danach zu bestimmen, nachweislich und schriftlich gemäß § 6 Abs. 2 erteilt wurde. Ist die Patientin (der Patient) nicht einsichts- und urteilsfähig,**[17] **so ist die Einwilligung durch die gesetzliche Vertreterin (den gesetzlichen Vertreter) nach entsprechender umfassender ärztlicher Aufklärung (§ 5) nachweislich und schriftlich zu erteilen.**[18]

(4) Wird die Einwilligung durch Personen, die das 16. Lebensjahr vollendet und das 18. Lebensjahr noch nicht vollendet haben, oder denen infolge einer psychischen Krankheit oder geistigen Behinderung zur Vertretung hinsichtlich medizinischer Behandlungen eine gesetzliche Vertreterin (ein gesetzliche Vertreter) bestellt ist, bis spätestens eine Woche vor dem Behandlungs- oder Operationstermin widerrufen, so darf der Patientin (dem Patienten) dadurch kein finanzieller Nachteil entstehen.[19]

(5)[20] Eine ästhetische Behandlung oder Operation an Personen, die das 16. Lebensjahr vollendet und das 18. Lebensjahr noch nicht vollendet haben, oder denen infolge einer psychischen Krankheit oder geistigen Behinderung zur Vertretung hinsichtlich medizinischer Behandlungen eine gesetzliche Vertreterin (ein gesetzlicher Vertreter) bestellt ist, darf frühestens vier Wochen nach Vorliegen der zu erteilenden Einwilligungen (Abs. 2 und 3) durchgeführt werden.[21]

1 ErläutRV: „Ästhetische Behandlungen oder Operationen ohne medizinische Indikation sind an Personen, die das 16. Lebensjahr noch nicht vollendet haben, auf Grund der damit verbundenen Gefahren für den noch im Wachstum begriffenen Körper verboten. Wird ein derartiger Eingriff vor Abschluss des pubertären Wachstumsschubes vorgenommen, können daraus gravierende Wachstumsstörungen folgen, die häufig im Rahmen weiterer Operationen behandelt werden müssen. Das Körperwachstum ist in der Regel etwa mit Vollendung des 16. Lebensjahres abgeschlossen. Hinsichtlich der Entwicklung junger Menschen hin zu Selbstbestimmtheit und geistiger Reife ist in diesem Zusammenhang ergänzend auf das aktive Wahlrecht zum Nationalrat für alle österreichischen Männer und Frauen, die am Wahltag das 16. Lebensjahr vollendet haben, hinzuweisen. Hinsichtlich Piercen und Tätowieren ist auf § 2 der Verordnung BGBl. II Nr. 141/2003 zu verweisen."

Zu dieser Verordnung s. Anhang 13.

2 ErläutRV: „Zu der Beschneidung von männlichen Säuglingen ist Folgendes klarzustellen:

Die Beschneidung von männlichen Säuglingen ist jedenfalls als operativer Eingriff zu sehen, der unter den Arztvorbehalt fällt (§ 2 Abs. 2 Z 4 Ärztegesetz 1998). Allerdings handelt es sich hierbei – im Gegensatz zu anderen operativen ärztlichen Tätigkeiten –, zusätzlich um einen religiösen

Ritus. Da bei Beschneidungen an männlichen Personen (Circumcisionen) die Vorhaut teilweise oder vollständig abgetrennt wird, stellt dieser Vorgang einen Eingriff in die körperliche Substanz der betreffenden Person dar. Deshalb ist die Circumcision im Sinne des § 1 Abs. 2 Z 2 Ärztegesetz als „Operation" anzusehen und somit die Ausführung dieses operativen Eingriffs Ärzten vorbehalten.

Obwohl die männliche Beschneidung zweifellos eine Körperverletzung im Sinne des Strafgesetzbuches darstellt, verstößt die Beschneidung an männlichen Säuglingen israelitischer und muslimischer Konfession nicht gegen die guten Sitten, sofern diese nicht gegen den Willen der Eltern durchgeführt wird. Dies deshalb, da es sich um in Österreich anerkannte Religionsgesellschaften handelt, die auf Grund der religiösen Motivation als nicht rechtswidrig anzusehen sein wird, sofern die Einwilligung des Verletzten gemäß § 90 StGB vorliegt. Bei der männlichen Beschneidung handelt es sich jedenfalls nicht um eine ästhetische Operation gemäß § 3 Abs. 1 Z 1."

3 ErläutRV: „In Anlehnung an die Bestimmungen über die Klinische Prüfung im Arzneimittelgesetz, BGBl. Nr. 185/1983, sind zum Schutz von Personen, die das 16. Lebensjahr vollendet und das 18. Lebensjahr noch nicht vollendet haben, sowie psychisch kranker oder geistig behinderter Menschen, die nicht einsichts- und urteilsfähig sind, zusätzliche Einwilligungen vor Durchführung einer ästhetischen Behandlung oder Operation einzuholen."

4 Zu beachten ist aber, dass bei einigen häufig bereits an Säuglingen durchgeführten Eingriffen wie etwa bei Ohrmuscheldysplasien (abstehende Ohren, „Schalenohren") wegen des unmittelbaren Zusammenhangs mit medizinisch-wissenschaftlich definierten angeborenen Anomalien vom Vorliegen einer medizinischen Indikation gesprochen werden kann, wodurch die Anwendung des gesamten Gesetzes ausgeschlossen ist.

5 ErläutRV: „Gemäß Abs. 2 hat bei Personen, die das 16. Lebensjahr vollendet und das 18. Lebensjahr noch nicht vollendet haben, eine verpflichtende Abklärung allfälliger psychischer Störungen samt Beratung durch eine klinische Psychologin (einen klinischen Psychologen), eine Fachärztin (einen Facharzt) für Psychiatrie und Psychotherapeutische Medizin bzw. eine Fachärztin (einen Facharzt) für Kinder- und Jugendpsychiatrie zu erfolgen, um Eingriffe zu vermeiden, die beispielsweise aus einem gestörten Selbst- oder Körperbild der Patientin (des Patienten) oder aus sonstigen falschen bzw. unrealistischen Erwartungen hinsichtlich der Ergebnisse des Eingriffs, die z.B. durch mediale Vorgaben suggeriert wurden, resultieren. Im Rahmen dieser Abklärung ist u.a. die Motivation für die gewünschte Veränderung zu hinterfragen. Weiters werden je nach Erfordernis ein oder mehrere Gespräche mit den Erziehungsberechtigten und allenfalls mit einer sonstigen Bezugsperson abzuhalten sein."

6 Zu beachten ist, dass bei ästhetischen Behandlungen (§ 3 Abs. 1 Z 2) an Personen, die das 16. Lebensjahr vollendet und das 18. Lebensjahr noch nicht vollendet haben, gemäß § 9 Abs. 7 bereits mit der ersten ärztlichen Konsultation ein Operationspass anzulegen ist. Für Personen, die das 18. Lebensjahr vollendet haben, ist ein Operationspass ansonsten nur für ästhetische Operationen (§ 3 Abs. 1 Z 1) anzulegen.

7 ErläutRV: „Zur Intention der geplanten gesetzlichen Bestimmungen, die eine Überprüfung insbesondere im Hinblick auf das Vorliegen psychischer Störungen oder unrealistischer Erwartungen vor einer ästhetischen Operation ohne medizinische Indikation vorsehen, ist erläuternd Folgendes auszuführen:

Eine wesentliche Entwicklungsaufgabe der mittleren und späteren Adoleszenz ist die Entwicklung der Identität und des Selbstkonzeptes, wozu auch das Körperkonzept gehört. Dieses ist aber zumeist nicht stabil, sondern vielmehr Veränderungen unterworfen, wobei verschiedene Einflussfaktoren (Peergroup, Medien etc.) eine wesentliche Rolle spielen. Ein Merkmal dieser Entwicklungsstufe ist es, dass die Auseinandersetzung mit dem eigenen Körper und der Versuch einen eigenen Stil zu finden auch bedeuten kann, dass das eigene Erscheinungsbild immer wieder verändert wird, sei es z.B. durch die Haarfarbe oder durch Piercings.

Die Fähigkeit, mögliche Konsequenzen von Entscheidungen und Handlungen zu antizipieren und Risiken realistisch einzuschätzen, ist in der Adoleszenz häufig noch nicht in einer Weise stabilisiert, um Entscheidungen zu begründen, die eine nachhaltige Veränderung des Körpers zur Folge haben. Daher ist es unabdingbar, bei Personen unter 18 Jahren eine klinisch-psychologische bzw. psychiatrische Expertise einzuholen, bevor ein Eingriff vorgenommen werden kann.

Diese sollte in der Regel mehrere Gespräche (auch mit den Erziehungsberechtigten) und die Durchführung einer differenzierten klinisch-psychologischen bzw. psychiatrischen Untersuchung mit diagnostischen Verfahren umfassen, die sich auf den Entwicklungsstand, die kognitive Leistungsfähigkeit, die Emotionalität und die Motivationalität bezieht. Die Ergebnisse mit einer Empfehlung für oder gegen den Eingriff sowie über die weitere Vorgangsweise sind in Form eines schriftlichen Befundes der behandelnden Ärztin (dem behandelnden Arzt) zu übermitteln und sind von dieser (diesem) zu berücksichtigen. Zusätzlich sollte eine Befundbesprechung mit einer Beratung über das weitere Vorgehen stattfinden.

Klarzustellen ist, dass auch diese klinisch-psychologischen bzw. psychiatrischen Leistungen nicht in die Leistungspflicht der sozialen Krankenversicherungsträger fallen können."

8 ErläutRV: „Teilweise in Abweichung von § 146c (seit dem Kindschafts- und Namensrechts-Änderungsgesetz 2013,

BGBl. I 15/2013 neu: § 173 ABGB) Allgemeines bürgerliches Gesetzbuch (ABGB) ist bei ästhetischen Behandlungen und Operationen im Sinne dieses Gesetzes in jedem Fall sowohl die Einwilligung der noch nicht volljährigen Person als auch aller Erziehungsberechtigten einzuholen (Abs. 2).“

9 ErläutRV: „Ist eine andere Person mit der Obsorge betraut, so hat sie gemäß § 216 ABGB [seit dem Kindschafts- und Namensrechts-Änderungsgesetz 2013, BGBl. I 15/2013 neu: § 213 ABGB] in wichtigen, die Person des Kindes betreffenden Angelegenheiten die Genehmigung des Gerichtes einzuholen. Ohne Genehmigung getroffene Maßnahmen oder Vertretungshandlungen sind unzulässig und unwirksam, sofern nicht Gefahr im Verzug vorliegt. Einer medizinischen Behandlung, die gewöhnlich mit einer schweren oder nachhaltigen Beeinträchtigung der körperlichen Unversehrtheit oder der Persönlichkeit verbunden ist, kann die mit der Obsorge betraute Person nur zustimmen, wenn eine von der behandelnden Ärztin unabhängige Ärztin (ein vom behandelnden Arzt unabhängiger Arzt) in einem ärztlichen Zeugnis bestätigt, dass das Kind nicht über die erforderliche Einsichts- und Urteilsfähigkeit verfügt und die Vornahme der Behandlung zur Wahrung seines Wohles erforderlich ist. Wenn ein solches Zeugnis nicht vorliegt oder das Kind zu erkennen gibt, dass es die Behandlung ablehnt, bedarf die Zustimmung der Genehmigung des Gerichts. Erteilt die mit der Obsorge betraute Person die Zustimmung zu einer medizinischen Behandlung nicht und wird dadurch das Wohl des Kindes gefährdet, so kann das Gericht die Zustimmung ersetzen oder die Obsorge an eine andere Person übertragen.“

10 Da die postulierten Anforderungen an ästhetische Behandlungen und Operationen durchgehend höhere sind als jene gem. §§ 173, 213 ABGB, ist davon auszugehen, dass § 7 Abs. 2 ÄsthOpG als lex specialis die generellen Bestimmungen der §§ 173, 213 ABGB derogiert. S. dazu ausführlich bei: *Pitzl/Huber*, Aufklärungs-, Einwilligungs- und Informationspflichten nach dem ÄsthOpG, RdM 2014, 91 ff.

11 S. auch § 5 Abs. 2.

12 Damit ist ein Verbot an die Ärztin (den Arzt) ausgesprochen; dieses ist von der Strafsanktion des § 11 Abs. 1 erfasst.

13 Der Befund hat den Rechtscharakter eines Gutachtens, gegen das kein Rechtsmittel, wohl aber ein Gegengutachten zulässig ist. Die Vorgangsweise bei einander widersprechenden Gutachten ist vom Gesetz nicht festgelegt.

14 Der Begriff der psychischen Krankheit ist ein Rechtsbegriff, der nicht unbedingt mit medizinischen Definitionen übereinstimmen muss (OGH 17.02.2011, 2 Ob 21/11v). Die psychische Krankheit im Sinne des § 7 Abs. 3 darf überdies keine psychische Störung im Sinne des § 7 Abs. 2 Z. 2 beinhalten, da ansonsten der gesamte § 7 Abs. 3 nicht zur Anwendung gelangen kann.

15 ErläutRV: „Die Wortwahl des Abs. 3 bezüglich ‚psychische Krankheit‘ und ‚geistige Behinderung‘ orientiert sich an der bewährten aktuellen Diktion des Heimaufenthaltsgesetzes."

Menschen mit geistiger Behinderung sind Personen, deren geistige Funktion nicht nur vorübergehend wesentlich beeinträchtigt ist. Bei der Interpretation dieses Rechtsbegriffes muss auch auf den jeweiligen Stand der psychiatrischen Wissenschaften verwiesen werden. Gemäß einem Grundsatzdokument der Internationalen Liga von Vereinigungen für Menschen mit geistiger Behinderung, sind für den Begriff „geistige Behinderung“ zwei wesentliche Komponenten kennzeichnend:

- Ein intellektueller Entwicklungsrückstand, der beträchtlich unter dem Durchschnitt liegt und der seit frühem Lebensalter vorhanden ist und
- eine auffallende Schwächung der Anpassungsfähigkeit an soziale Anforderungen der Gesellschaft.

Eine geistige Behinderung ist eine psychische Störung im weitesten Sinn ohne Krankheitswert, also keine Krankheit. Sie enthält eine große Zahl von Zuständen, die, obwohl sie oft durch eine biologische Krankheit oder eine organische Schädigung verursacht sind, auch durch komplexe soziale und psychologische Ursachen entstehen können.

16 Zu Rechten und Pflichten einer gesetzlichen Vertreterin (eines gesetzlichen Vertreters); vgl. dazu grundlegend bei: *Barth/Ganner* (Hg.), Handbuch des Erwachsenenschutzrechtsrecht[3] (2019) 723 ff (Vertretungsumfang) bzw 734 ff (Pflichten des gesetzlichen Erwachsenenvertreters) sowie 729 ff (Entscheidung über medizinische Behandlungen).

17 Das Nichtvorliegen der Einsichts- und Urteilsfähigkeit ist in Bezug auf die konkrete ästhetische Behandlung oder Operation zu beurteilen.

18 ErläutRV: „Bei fehlender Einsichts- und Urteilsfähigkeit der behinderten Person kann die Sachwalterin (der Sachwalter) [jetzt: gesetzliche/r Vertreter/in] der ästhetischen Behandlung oder Operation entsprechend § 283 Abs. 2 ABGB nur zustimmen, wenn eine von der behandelnden Ärztin unabhängige Ärztin (ein vom behandelnden Arzt unabhängiger Arzt) in einem ärztlichen Zeugnis bestätigt, dass diese (dieser) nicht über die erforderliche Einsichts- und Urteilsfähigkeit verfügt und die Vornahme der ästhetischen Behandlung oder Operation zur Wahrung ihres (seines) Wohles erforderlich ist. Wenn ein solches Zeugnis nicht vorliegt oder die behinderte Person zu erkennen gibt, dass sie die Behandlung ablehnt, bedarf die Zustimmung der Genehmigung des Gerichts. Erteilt die Sachwalterin (der Sachwalter) [jetzt: gesetzliche/r Vertreter/in] die Zustimmung zu einer medizinischen Behandlung nicht und wird dadurch das Wohl der behinderten Person gefährdet, so kann das Gericht die Zustimmung des Sachwalters [jetzt: gesetzliche Vertreter/in] ersetzen oder die Sachwalterschaft [jetzt: gesetzliche Vertretung] einer anderen Person übertragen."

Das Gericht entscheidet mit Beschluss. Davon ist die besachwaltete Person, unabhängig von ihrer Verfahrensfähigkeit, in Kenntnis zu setzen, soweit dies ihrem Wohl dient (vgl. § 139 Abs 1 AußStrG).

Da § 283 ABGB im Vergleich zu § 7 Abs. 3 ÄsthOpG noch höhere Schutzanforderungen für diese Personengruppe beinhaltet, ist davon auszugehen, dass sowohl § 283 ABGB als auch § 7 Abs. 3 zur Anwendung gelangen; s. dazu auch: *Pitzl/Huber*, Aufklärungs-, Einwilligungs- und Informationspflichten nach dem ÄsthOpG, RdM 2014, 91.

19 ErläutRV: „Da es sich um besonders schutzwürdige Personengruppen handelt, wird für diese festgelegt, dass eine bereits gegebene Einwilligung jederzeit – bis eine Woche vor dem Operations- oder Behandlungstermin ohne finanziellen Nachteil für die betreffende Person – widerrufen werden kann. In diesem Zusammenhang ist klarzustellen, dass bereits durch die Ärztin (den Arzt) erbrachte Leistungen wie Aufklärungsgespräche oder Voruntersuchungen sowie Leistungen der klinisch-psychologischen bzw. psychiatrischen Beratung und Diagnostik selbstverständlich zu honorieren sein werden, da es sich hierbei nicht um einen „finanziellen Nachteil" für die Patientin (den Patienten) handelt."

Jegliche Art von (pauschalierten) Schadenersatzforderungen („Stornogebühren") sind aber in diesem Zusammenhang ausgeschlossen.

20 ErläutRV: „Zusätzlich sieht Abs. 5 eine verlängerte Wartefrist von vier Wochen für diese Personengruppen vor, die in diesem speziellen Fall nach Vorliegen der Einwilligung einzuhalten ist."

21 Bei ästhetischen Operationen kommt zusätzlich die Zweiwochenfrist zwischen der abgeschlossenen ärztlichen Aufklärung und der Einwilligung (§ 6 Abs. 1) zum Tragen, so dass in diesem Fall zwischen Aufklärung und Operation mindestens sechs Wochen zu liegen haben.

Werbebeschränkung[1] und Provisionsverbot[2 3 4 5]

§ 8. (1)[6] Die Ärztin (Der Arzt) hat sich im Zusammenhang mit der Durchführung ästhetischer Behandlungen oder Operationen jeder diskriminierenden,[7] unsachlichen,[8] unwahren[9] oder das Standesansehen[10] beeinträchtigenden Anpreisung,[11] Werbung[12] oder der Selbstanpreisung[13 14] durch reklamehaftes Herausstellen[15] ihrer (seiner) Person oder ihrer (seiner) Leistungen zu enthalten.[16] Fachliche Informationen über eigene Tätigkeitsgebiete[17] einschließlich Hinweise auf wissenschaftliche Arbeiten[18] stellen keine Werbung im Sinne dieses Bundesgesetzes dar.

(2)[19] Für ästhetische Behandlungen oder Operationen im Sinne dieses Bundesgesetzes darf insbesondere nicht geworben[20] werden:

1. **mit Angaben, dass die ästhetische Behandlung oder Operation ärztlich, zahnärztlich oder anderweitig fachlich empfohlen oder geprüft ist oder angewendet wird,**
2. **mit Hinweisen auf die besondere Preisgünstigkeit der ästhetischen Behandlung oder Operation oder dem Anbieten[21] kostenloser Beratungsgespräche,**
3. **durch Werbevorträge,[22]**
4. **mit Werbemaßnahmen, die sich ausschließlich oder überwiegend an Minderjährige[23] richten und**
5. **mit Preisausschreiben[24], Spielen, Verlosungen oder vergleichbaren Verfahren[25].**

Bei der Verwendung von Fotografien, die mittels Bildbearbeitungsprogrammen verändert wurden, sind diese als verändert und nicht der Realität entsprechend zu kennzeichnen.

(3)[26] Die Ärztin (Der Arzt) darf sich oder einer (einem) Anderen keine Vergütungen[27] für die Zuweisung von Patientinnen (Patienten) an sie (ihn) oder durch sie (ihn) versprechen, geben, nehmen oder zusichern lassen. Rechtsgeschäfte, die gegen dieses Verbot verstoßen, sind nichtig.[28] Leistungen aus solchen Rechtsgeschäften können zurückgefordert werden.

(4) Die Vornahme der gemäß Abs. 1 bis 3 verbotenen Tätigkeiten ist auch Gruppenpraxen[29] gemäß § 52a Ärztegesetz 1998 sowie sonstigen physischen und juristischen Personen[30] untersagt.

(5)[31] Die Anpreisung oder Werbung im Sinne der Abs. 1 und 2 durch ein Unternehmen mit Sitz außerhalb des Geltungsbereichs dieses Gesetzes ist unzulässig.

(6)[32] Die Abs. 1 und 2 sind auch auf die entgeltliche Vermittlung von ästhetischen Behandlungen oder Operationen durch Dritte anzuwenden.[33]

(7)[34] Die Österreichische Ärztekammer,[35] die Ärztekammern in den Bundesländern[36 37] und die gesetzlich eingerichteten Patientenvertretungen[38] sind berechtigt,[39] Ansprüche auf Unterlassung wettbewerbswidrigen Verhaltens (insbesondere gemäß § 14 des Bundesgesetzes gegen den unlauteren Wettbewerb 1984[40] – UWG, BGBl. Nr. 448/1984) vor den Gerichten[41] geltend zu machen.[42]

1 Unter Werbebeschränkung wird generell die i.d.R. für eine bestimmte Gruppe von Dienstleistenden (Anbieterinnen bzw. Anbietern) bestehende Beschränkung ihrer freien werbemäßigen Entfaltung verstanden; derartige Einschränkungen müssen sachlich gerechtfertigt sein, da sie sonst mit der aus dem Prinzip der Privatautonomie erwachsenden grundsätzlichen freien Wettbewerbsentfaltung in Widerspruch geraten; s. dazu im Überblick bei: *Grünwald/Hauser/Pasrucker*, Privates Wirtschaftsrecht[7] (2019) 307 ff.

2 Unter Provision wird generell das Entgelt für eine verkäuferische bzw. vermittelnde Tätigkeit verstanden. S. dazu näher bei: *Blum*, Ärztliche Tätigkeit und Werbung, in: *Boninsegna/Ernst/Schrader* (Hg.), Ärztliche Tätigkeit und Recht (2021) 119 m.w.N.

3 ErläutRV: „§ 8 setzt die bereits im § 53 Ärztegesetz 1998 normierte Werbebeschränkung zum Schutz der Patientinnen (Patienten) sowie ein Provisionsverbot konsequent fort. Dadurch soll in diesem sensiblen Bereich möglichst jede unsachliche, suggestive, verharmlosende und realitätsverzerrende Beeinflussung der medizinischen Laien (des medizinischen Laien) sowie eine Irreführung der Patientin (des Patienten) verhindert werden. Klarzustellen ist in diesem Zusammenhang, dass sachliche Hinweise auf die Qualifikation der Ärztin (des Arztes) nicht unter die Werbebeschränkung fallen."

§ 53 ÄrzteG trägt die Überschrift *„Werbebeschränkung und Provisionsverbot"* und lautet wie folgt:

„(1) Der Arzt hat sich jeder unsachlichen, unwahren oder das Standesansehen beeinträchtigenden Information im Zusammenhang mit der Ausübung seines Berufes zu enthalten.

(2) Der Arzt darf keine Vergütungen für die Zuweisung von Kranken an ihn oder durch ihn sich oder einem anderen versprechen, geben, nehmen oder zusichern lassen. Rechtsgeschäfte, die gegen dieses Verbot verstoßen, sind nichtig. Leistungen aus solchen Rechtsgeschäften können zurückgefordert werden.

(3) Die Vornahme der gemäß Abs. 1 und 2 verbotenen Tätigkeiten ist auch Gruppenpraxen (§ 52a) und sonstigen physischen und juristischen Personen untersagt.

(4) Die Österreichische Ärztekammer kann nähere Vorschriften über die Art und Form der im Abs. 1 genannten

Informationen erlassen.“

In Ausführung zu § 53 Abs. 4 ÄrzteG hat die Österreichische Ärztekammer die Richtlinie „Arzt und Öffentlichkeit 2014“ vom 27.06.2014 i.d.F. 14.12.2018 (kurz: RL/Arzt und Öffentlichkeit 2014) erlassen: s. 29f6b2b1-1ac4-a323-1a6b-0b4a9219b14d (aerztekammer.at) (abgefragt am 02.09.2024).

Weiss, ÄsthOpG (2014) Anm. 1 zu § 8 sieht in der Bestimmung des § 8 die „konsequente Fortsetzung“ der gesetzlich verankerten ärztlichen Werbeverbote; in diesem Sinne auch *Schmitt*, Das österreichische ÄsthOpG als Vorbild für Deutschland? Eine vergleichende Untersuchung zu rechtlichen Anforderungen an die Durchführung von ästhetischen Behandlungen (2019) 327 und 347. AA: *Wallner*, Berufsrecht der Ärzte, in: *Resch/Wallner* (Hg.), Handbuch Medizinrecht[3] (2020) 845 für den die Bestimmung des § 8 nicht über die „ärztegesetzlich vorgesehenen Beschränkungen hinausgeht.“

Nach Maßgabe einer gesamtsystematischen Betrachtung wird wohl davon auszugehen sein, dass insbesondere die in § 8 verankerten Regelungen für den von § 1 erfassten Regelungsbereich besonderes streng handzuhaben bzw. auszulegen sein werden.

4 (Generelle) Provisionsverbote gelten u.a. auch für Zahnärztinnen (Zahnärzte) (§ 35 Abs. 3 ZÄG) und Dentistinnen (Dentisten) (§ 35 Abs. 3 i.V.m. § 57 ZÄG).

Vgl. dazu auch die Werberichtlinien gemäß § 35 Abs. 5 Zahnärztegesetz i.d.F. vom 11.12.2015 (kurz: WR-ÖZÄK); abrufbar unter: Gemäß § 35 Abs (zahnaerztekammer.at) (abgefragt am 02.09.2024).

5 Der VfGH hat mehrmals festgehalten, dass die mit Werbebeschränkungen einhergehenden Wettbewerbseinschränkungen im Gesundheitsbereich als im öffentlichen Interesse des Schutzes der Gesundheit gelegen und damit verfassungskonform anzusehen sind (VfGH 01.10.2001,

V 56/00 oder VfGH 12.06.2012, B 811/11; s. auch das einschlägige Erkenntnis VfGH 29.02.2016, G 384/2015 RdM-LS 2016,110 [*Stöger*].

6 Die in § 8 Abs. 1 enthaltenen Beschränkungen schließen die Vornahme von entsprechenden Werbemaßnahmen nicht zur Gänze aus, sondern stellen lediglich eine Beschränkung „der Art und Weise“ dar (*Klingenschmid*, Ästhetische Behandlungen und Operationen [2015] 184).

Hingegen gilt betreffend der in § 8 Abs. 2 Z 1 bis 5 angeführten Aktivitäten ein gänzliches Werbeverbot.

7 Als diskriminierend sind insbesondere unsachliche Aussagen einzuschätzen, die das Ansehen oder den Ruf von Dritten nachteilig beeinträchtigen oder herabsetzen (z.B. sachlich nicht gerechtfertigte Herabsetzungen von Kolleginnen bzw. Kollegen). Zu verweisen gilt weiters auf die Dimension des Verbotes der unsachlichen Differenzierung nach Geburt, Geschlecht, Rasse, Stand, Klasse, Bekenntnis etc.

8 Als unsachlich sind insbesondere Informationen anzusehen, die wissenschaftlichen Erkenntnissen oder wissenschaftlichen Erfahrungen widersprechen (vgl. § 2 RL/Arzt und Öffentlichkeit 2014 bzw. Art. 2 WR-ÖZÄK).

Von der einschlägigen Rechtsprechung wird weiters u.a. das unsachliche Ausüben von Druck zur raschen Inanspruchnahme von ärztlichen Leistungen als standeswidrig angesehen (OGH 20.01.2009, 4 Ob 199/08f ecolex 2009, 422 = wbl 2009, 308).

Im Erkenntnis VwGH 25.05.2020, Ra 2019/09/0026 werden z.B. auch (Werbe-)Hinweise eines Facharztes für plastische, rekonstruktive und ästhetische Chirurgie, bei der auf einer Webseite Frauen abgebildet sind, die lediglich mit einem Slip bekleidet sind, als unsachlich i.S.v. § 8 Abs. 1 qualifiziert.

Auch die Bewerbung der Dienstleistungen einer ästhetischen Chirurgin (eines ästhetischen Chirurgen) mit dem Hinweis „auf einen fantastischen Ausblick auf den Stephansdom“ gilt als unsachlich, da durch einen derartigen Hinweis keine Erkenntnisse über Qualität und Inhalt der beworbenen ärztlichen Leistungen vermittelt werden (OGH 20.06.2006, 4 Ob 88/06d MR 2006, 324 = RdW 2006, 696 = RZ 2006, 281 = RdM 2007, 89); vgl. zu weiteren Beispielen etwa bei: *Maleczky*, ÄsthopG, in: *Neumayr/Resch/Wallner* (Hg.), Gmundner Kommentar zum Gesundheitsrecht[2] (Stand: 01.01.2022; rdb.at) Anm. 2 zu § 8 ÄsthOpG m.w.N.

Als unsachlich werden schließlich auch Informationen anzusehen sein, mit welchen völlig selbstverständliche Aspekte vermittelt werden (*Wallner*, in: *Resch/Wallner*[3] [Hg.], 849 m.w.N.).

9 Als unwahr sind insbesondere Aussagen einzustufen, die nicht den Tatsachen entsprechen (vgl. § 2 Abs. 2 RL/Arzt und Öffentlichkeit 2014 bzw. Art. 2 WR-ÖZÄK). Dies gilt etwa betreffend den Hinweis auf Kassenverträge, die in Wahrheit gar nicht bestehen (VfGH 09.06.2004, B 1338/03) oder die Verwendung einer Signatur, die in Hinblick auf die ärztliche Qualifikation irreführend ist (VfGH 12.06.2012, B 811/11; s. dazu aber auch: VfGH 14.06.2010, B 1516/09).

10 Insbesondere die aufdringliche, marktschreierische Anpreisung der eigenen Person oder Leistungen ist mit dem Standesansehen einer Ärztin (eines Arztes) unvereinbar (OGH 10.07.2012, 4 Ob 90/12g).

11 Unter Anpreisung kann ganz generell die Aufforderung zur Stellung eines Angebotes verstanden werden.

12 Unter Werbung ist grundsätzlich jede Darbietung von Botschaften mit dem Ziel zu verstehen, Einstellungen und Handlungen der Adressatin (des Adressaten) zum Vorteil der/des Werbetreibenden zu steuern; die Dimension der Entgeltlichkeit bildet grundsätzlich keinen Wesensbestandteil der Werbung (OGH 28.05.2002, 4 Ob 104/02a; zur Arzneimittelwerbung s. etwa: OGH 29.04.2003, 4 Ob 75/03p).

13 Unter Selbstanpreisung kann ganz generell die von der Ärztin (dem Arzt) selbst stammende Aufforderung zur Stellung eines Angebotes verstanden werden. S. dazu näher bei: *Blum*, in: *Boninsegna/Ernst/Schrader* (Hg.), 119 m.w.N.

14 Als standeswidrige Informationen gelten gemäß § 2 Abs. 3 RL/Arzt und Öffentlichkeit 2014 (bzw. Art. 3 lit a bis lit c WR-ÖZÄK) herabsetzende Äußerungen über Ärztinnen (Ärzte), ihre Tätigkeit und ihre medizinischen Methoden, weiters die Darstellung einer wahrheitswidrigen Exklusivität sowie die Selbstanpreisung der eigenen Person oder Leistungen durch aufdringliche bzw. marktschreierische Darstellung; s. dazu die Beispiele bei: *Wallner*, in: *Resch/Wallner*[3] (Hg.), 850 ff. m.w.N.

Zu beachten gilt, dass (Selbst-)Anpreisungen bzw. Werbung als solche erkennbar sein müssen, damit deren Aussagewert beurteilt werden kann; sind (Selbst-)Anpreisungen bzw. Werbung in die Form ernst zu nehmender Tatsachenbehauptungen gekleidet, ist die Grenze zur zulässigen (Selbst-)Anpreisung und Werbung i.d.R. überschritten (OGH 11.10.1988, 4 Ob 81/88 RdW 1989, 84).

Schließlich sei noch darauf verwiesen, dass gemäß § 3 RL/Arzt und Öffentlichkeit 2014 (bzw. Art. 3 lit d WR-ÖZÄK) auch die Werbung für Arzneimittel, Heilbehelfe und sonstige medizinische Produkte sowie für deren Hersteller (Herstellerin) und Vertreiber (Vertreiberin) unzulässig ist; zulässig ist die sachliche, wahre und das Ansehen der Ärzteschaft nicht beeinträchtigende Information über Arzneimittel, Heilbehelfe und sonstige Medizinprodukte sowie über deren Hersteller (Herstellerin) und Vertreiber (Vertreiberin) in Ausübung des ärztlichen Berufes; s. dazu näher bei: *Blum*, in: *Boninsegna/Ernst/Schrader* (Hg.), 121 ff. m.w.N.

15 Bereits in der Entscheidung OGH 19.09.1995, 4 Ob 73/95 RdM 1998, 8 ist festgehalten, dass die Selbstanpreisung der eigenen Person oder Darstellung der eigenen ärztlichen Tätigkeit durch reklamehaftes Herausstellen in aufdringlicher, marktschreierischer Weise mit jener Vorstellung unvereinbar ist, die sich mit dem Bild der Ärztin (des Arztes) in der Öffentlichkeit verbindet und daher als standeswidrig zu qualifizieren ist.

16 In § 5 RL/Arzt und Öffentlichkeit 2014 (bzw. Art. 5 lit a WR-ÖZÄK) ist vorgesehen, dass die jeweilige Ärztin (der jeweilige Arzt) in zumutbarer Weise dafür Sorge zu tragen hat, dass auch standeswidrige Informationen durch Dritte (z.B. Medien) unterbleiben; s. dazu etwa OGH 09.11.2010, 4 Ob 169/10x bzw. OGH 15.02.2011, 4 Ob 4/11h.

17 Derartige fachliche Hinweise müssen auf sachlichen, nachprüfbaren Umständen beruhen.
Vgl. auch § 4 Abs. 8.

18 Auf der Basis eines formellen Verständnisses lässt sich der Rechtsbegriff „Wissenschaft" mit äußeren, formalen Kriterien beschreiben. So halten etwa *Wenger/Winkler*, Die Freiheit der Wissenschaft und ihrer Lehre (1974) 70 fest, dass bei der Erfassung des Wissenschaftsbegriffes von der „Wissenschaft als Tätigkeit" auszugehen ist. Vor diesem Hintergrund entwickeln *Wenger/Winkler* ein typologisches Merkmalsschema, welches folgende Punkte umfasst: theoretisches Erkenntnisziel und persönliche Verantwortung; rationale Arbeitsmethode; hinreichender Fachüberblick; Publizität und Kritikoffenheit. Die Eigenart dieses typologischen Merkmalschemas bringt es mit sich, dass die einzelnen Begriffsmerkmale nicht immer zur Gänze in derselben Intensität nachweisbar sein müssen; s. dazu und zu den anderen generellen Ansätzen der Definition von Wissenschaft bei: *Hauser*, Universitäre Studienplanung (1995) 17 ff. sowie *Kröll*, Art. 17 Abs. 1 StGG, in: *Kneihs/Lienbacher*

(Hg), Rill-Schäffer-Kommentar zum Bundesverfassungsrecht (24. Erg.-Lfg. – 2020) Rz 21 ff., der einen Überblick zu den wichtigsten Definitionsansätzen sowie zur einschlägigen höchstgerichtlichen Rechtsprechung (Rz 26 ff.) vermittelt.

19 Während betreffend die in § 8 Abs. 2 Z 1 bis 5 angeführten Aktivitäten ein gänzliches Werbeverbot normiert ist, vermittelt § 8 Abs. 1 lediglich eine Beschränkung bei der Vornahme von entsprechenden Werbemaßnahmen.

20 ErläutRV: „Die Worte ‚nicht geworben werden' im Einleitungssatz des Abs. 2 schließen daher schon von ihrem Wortsinn ausgehend nicht aus, dass der Wahrheit entsprechende Hinweise z.B. auf erworbene Qualifikationen und wissenschaftliche Verdienste verwendet werden. Dies ergibt sich überdies auch aus der Informationspflicht über die berufsrechtliche Qualifikation und die absolvierten Fortbildungen gemäß § 4 Abs. 8."

21 Das bloße Gewähren eines kostenlosen Beratungsgesprächs (ohne dessen vorhergehende Ankündigung) ist als zulässig anzusehen.

22 Dies schließt die Durchführung von wissenschaftlichen Fachvorträgen nicht aus.

23 Minderjährige Personen sind gemäß § 21 Abs. 2 ABGB Menschen, die das 18. Lebensjahr noch nicht vollendet haben.

Zur Sachgerechtigkeit der Begrenzung von Schönheitsoperationen bei Minderjährigen s. bei: *Büchel*, Schönheitseingriffe bei Minderjährigen und ihre rechtlichen Voraussetzungen, JMG 2023, 24.

24 Preisausschreiben sind Gewinnspiele, die durch einseitige Auslobung (§ 860 ABGB) rechtliche Verbindlichkeit erlangen (können).

Auf Grund des in § 8 Abs. 2 Z 5 geregelten Verbotes ist auch die vom OGH 24.01.2006, 4 Ob 218/05w MR 2006, 153 = ÖBl 2006, 169 (*Gamerith*) = RdW 2006, 281 diesbezüglich vertretene liberalere Auffassung in Hinblick auf die „Verlosung von Schönheitsoperationen" als obsolet anzusehen.

Zu beachten gilt, dass es gemäß § 8 Abs. 4 auch Gruppenpraxen sowie sonstigen physischen und juristischen Personen (z.B. einer Krankenanstalt) untersagt ist, derartige Preisausschreiben, (Gewinn-)Spiele bzw. Verlosungen durchzuführen.

25 Der Begriff „ähnliche Verfahren" wird – vor dem Hintergrund des dem ÄsthOpG innewohnenden Zwecks, welcher in der umfassenden Verhinderung jedweder unsachlichen Beeinflussung von Patientinnen (Patienten) gelegen ist – extensiv auszulegen sein (so auch: *Klingenschmid*, Ästhetische Behandlungen, 186).

26 In der Bestimmung des § 8 Abs. 3 ist ein strenges Provisionsverbot verwirklicht.

27 Gemeint sind insbesondere Geld oder geldwerte Leistungen.

28 Gemäß § 879 Abs. 1 ABGB ist ein Vertrag, der gegen ein gesetzliches Verbot oder gegen die guten Sitten verstößt, nichtig.

Richtigerweise wird davon auszugehen sein, dass sich die Nichtigkeitssanktion des § 8 Abs. 3 lediglich auf jene Rechtsgeschäfte bezieht, mit welchen eine Provision (Vergütung) versprochen, gegeben, angenommen bzw. zugesichert wird; hingegen werden die mit Patientinnen (Patienten) abgeschlossenen Behandlungsverträge mangels entsprechender Normierung nicht von der Nichtigkeitssanktion bedroht sein (zust.: *Schmitt*, ÄsthOpG, 330).

29 ErläutRV: „Die in § 8 normierten Verbote gelten gemäß Abs. 4 auch für Gruppenpraxen gemäß § 52a Ärztegesetz 1998 und sonstige physischen und juristischen Personen (z.B. Rechtsträger von Krankenanstalten und vergleichbare Einrichtungen des Gesundheitswesens, vor allem aber auch Verantwortungsträger in Medien, etwa für Anzeigenschaltungen in Zeitschriften und Zeitungen)".

Der VfGH hat in seinem Erkenntnis 29.02.2016, G 384/2015 RdM-LS 2016,110 (*Stöger*) festgehalten, dass das gemäß § 8 verankerte Werbeverbot auch für Krankenanstalten als verfassungskonform anzusehen ist.

Gemäß § 52a Abs. 1 ÄrzteG kann die Zusammenarbeit von Ärztinnen (Ärzten), insbesondere zum Zweck der ambulanten öffentlichen Gesundheitsversorgung, auch als selbstständig berufsbefugte Gruppenpraxis in der Rechtsform einer Offenen Gesellschaft i.S.v. § 105 UGB oder einer Gesellschaft mit beschränkter Haftung (GmbH) i.S.d. GmbHG erfolgen.

30 Demgemäß darf etwa auch grundsätzlich keine von einer Ärztin (einem Arzt) unabhängige Dritte (kein unabhängiger Dritter) die von § 8 Abs. 1 bis 3 untersagten Handlungen vornehmen. Erforderlich ist freilich, dass der Dritten (dem Dritten) die unzulässigen Handlungen zugerechnet werden können (OGH 24.03.2015, 4 Ob 38/15i RdM-LS 2015/63); eine Beauftragung durch eine Ärztin oder einen Arzt ist hingegen nicht erforderlich (OGH 04.02.1999, 4 Ob 337/98g).

Eine Einschränkung bzw. Ausnahme von dieser umfassenden Wirkung ergibt sich scheinbar aus § 8 Abs. 6, dem zu Folge die „entgeltliche Vermittlung von ästhetischen Behandlungen oder Operationen durch Dritte" unter Beachtung der Bestimmungen des § 8 Abs. 1 und Abs. 2 für zulässig erklärt wird (*Klingenschmid*, Ästhetische Behandlungen, 188). Mit *Maleczky*, in: *Neumayr/Resch/Wallner*[2] (Hg.), Anm. 8 FN 9 zu § 8 ÄsthOpG wird in zutreffender Weise – auf Basis einer teleologischen Interpretation (arg.: Intention einer generellen „Verschärfung" der allgemeinen ärztlichen Pflichten durch das ÄsthOpG) – nicht von einer Ausnahme vom Provisionsverbot durch § 8 Abs. 6 auszugehen sein.

Desgleichen dürfen auch Privatspitäler, Ambulanzen sowie u.a. Krankenanstalten keine derartigen Handlungen setzen (so auch *Klingenschmid*, Ästhetische Behandlungen, 189).

31 ErläutRV: „Unternehmen mit Sitz außerhalb des Geltungsbereichs dieses Gesetzes sind gemäß Abs. 5 ebenfalls von der Werbebeschränkung betroffen. Dies ist im Sinne des Art. 62 i.V.m. 52 Vertrag über die Arbeitsweise der Union (AEUV) durch den Rechtfertigungsgrund der öffentlichen Gesundheit gerechtfertigt (vgl. Urteil des Europäischen Gerichtshofes in der Rs. C-405/98, Gourmet International, Slg. 2001, I-1795). Auf Grund der Parallelität der Grundfreiheiten kann zusätzlich auf das Urteil des Europäischen Gerichtshofes (vom 10.11.1994) in der Rs. C-320/93, Lucien Ortscheit GmbH, Slg. 1994, I-5243 hingewiesen werden."

In zutreffender Weise hat der OGH in der Entscheidung vom 13.07.2010, 4 Ob 84/10x RdM-LS 2010, 66 = RdW 2010, 777 festgehalten, dass eine im Ausland tätige (Zahn-)Ärztin bzw. ein im Ausland tätiger (Zahn-)Arzt, die (der) in Österreich geltenden Werbeverbote sowie Ge- bzw. Verbote in Hinblick auf standeswidriges Verhalten (inklusive des Provisionsverbotes) selbst dann zu beachten hat, wenn die ausländische (zahn-)ärztliche Behandlung in Österreich lediglich beworben wird.

Maleczky, in: *Neumayr/Resch/Wallner*^{2} (Hg.), Anm. 6 zu § 8 ÄsthOpG verweist auf den „unklaren Regelungsgehalt" von § 8 Abs 5. (insbesondere hinsichtlich der Frage, ob auch „dritte Vermittler" erfasst sind) und verweist auf die lauterkeitsrechtliche Dimension, von der „ausländische Täter" jedenfalls erfasst sind (Anm. 7 m.w.N.); s. dazu auch bei: *Hauser*, Ärzt*in im Wettbewerb(srecht) II: Ausgewählte Praxisfälle iZm dem Wettbewerb unter Ärzt*innen, JMG 2024, 255 ff.

32 ErläutRV: „Abs. 6 normiert für die entgeltliche Vermittlung von ästhetischen Behandlungen oder Operationen durch Dritte eine Anwendbarkeit der Abs. 1 und 2. In diesem Zusammenhang ist auf §§ 50 ff. Arzneimittelgesetz hinzuweisen, dessen Bestimmungen sich u.a. auch an Werbeagenturen und Herausgeber von Zeitschriften wenden, denen es neben demjenigen, der das Arzneimittel in Verkehr bringt, ebenfalls verboten ist Arzneimittelwerbung zu betreiben."

33 Bemerkenswert ist, dass die Bestimmung des § 8 Abs. 6 ausdrücklich nur für die in den Abs. 1 und 2 normierten Geltung beansprucht. Zurecht verweist *Klingenschmid*, Ästhetische Behandlungen, 190 f auf die damit verbundenen legistischen Widersprüche (insbesondere im Verhältnis zu Abs. 4). Mit *Maleczky*, in: *Neumayr/Resch/Wallner*^{2} (Hg.), Anm. 8 FN 9 zu § 8 ÄsthOpG wird in zutreffender Weise – auf Basis einer teleologischen Interpretation (arg.: Intention einer generellen „Verschärfung" der allgemeinen ärztlichen Pflichten durch das ÄsthOpG) – nicht von einer Ausnahme vom Provisionsverbot durch § 8 Abs. 6 auszugehen sein.

34 ErläutRV: „In Abs. 7 wird eine Klagsberechtigung der Österreichischen Ärztekammer und der Ärztekammern in den Bundesländern sowie der gesetzlich eingerichteten Patientenvertretungen gemäß UWG normiert."

Es gilt zu beachten, dass das ÄsthOpG gem. § 1 Abs. 4 nicht auf Tätigkeiten anzuwenden ist, für die das Zahnärztegesetz gilt; s. aber zur generellen Klagslegitimation der ZÄK etwa OGH 02.08.2012, 4 Ob 79/12i ecolex 2012, 1089 = ÖBl 2013, 58 = RdM-LS 2013, 23.

35 Zur Vertretung der gemeinsamen Interessen aller in Österreich tätigen Ärztinnen (Ärzte) ist die Österreichische Ärztekammer eingerichtet (§§ 117 ff. ÄrzteG).

Die berufliche Vertretung der Angehörigen des zahnärztlichen Berufs und des Dentistenberufs obliegt der Österreichischen Zahnärztekammer (§§ 17 ff. ZÄKG).

36 Zur Vertretung des Ärztestandes ist für den räumlichen Bereich jedes Bundeslandes eine eigene (regionale) Ärztekammer einzurichten (§§ 65 ff. ÄrzteG).

Für den räumlichen Bereich eines jeden Bundeslandes sind „Landeszahnärztekammern" einzurichten (§ 2 Abs. 2 sowie §§ 34 ff. ZÄKG).

37 Sowohl die Ärztekammern in den Bundesländern als auch die Österreichische Ärztekammer sind Körperschaften öffentlichen Rechts. Es besteht Pflichtmitgliedschaft; das bedeutet, dass jede Ärztin (jeder Arzt), die (der) ihren (seinen) Beruf im Bereich der Ärztekammer ausübt, von Gesetzes wegen Mitglied der jeweiligen Ärztekammer ist.

Die Ärztekammern haben das Recht zur Selbstverwaltung. Die in ihrem Rahmen zu errichtenden Organe werden von den Mitgliedern in demokratischen Wahlgängen bestellt. Die Aufgaben der Ärztekammern bestehen u.a. darin, einschlägige Verträge mit den Sozialversicherungsträgern abzuschließen.

Überdies sind die Ärztekammern auch dazu berufen, das so genannte Disziplinarrecht über ihre Mitglieder (= Ärztinnen/Ärzte) zur Anwendung zu bringen (s. dazu §§ 135 ff. ÄrzteG).

Vgl. zu all dem im Überblick bei: *Hauser/Hense-Lintschnig* ua, Gesundheitsrecht[5] (2024) 103.

Weitgehend vergleichbare Inhalte sieht das ZÄKG vor (vgl. etwa §§ 10, 17 ff., 36 ff., 55 ff. ZÄKG).

38 In § 11e KAKuG ist festgelegt, dass die Landesgesetzgebung zur Prüfung allfälliger Beschwerden sowie zur Wahrnehmung der Interessen von Patientinnen und Patienten unabhängige Patientenvertretungen vorzusehen hat. Die Bundesländer haben diesen Grundsatz durch die Etablierung von so genannten (unabhängigen) „Patientenanwältinnen (Patientenanwälten)" Rechnung getragen.

39 Eine Verpflichtung zur Rechtsverfolgung besteht für die angeführten Institutionen nicht.

40 § 14 UWG regelt den wettbewerbsrechtlichen Unterlassungsanspruch. Grundsätzlich kann die Person, die gegen eine Bestimmung des UWG verstößt, auf Unterlassung in Anspruch genommen werden; Voraussetzung dafür ist jedoch, dass eine Wiederholungsgefahr gegeben ist. Das Vorliegen der Wiederholungsgefahr wird grundsätzlich bereits dann vermutet, wenn die/der Beklagte schon irgendwann einmal gegen das UWG verstoßen hat. In diesem Fall hat sodann die/der Beklagte zu beweisen, dass von seiner Seite keine Wiederholungsgefahr mehr ausgeht (Beweislastumkehr).

Das Vorliegen eines Verschuldens seitens der Verletzerin (des Verletzers) ist grundsätzlich nicht Voraussetzung für die Geltendmachung eines Unterlassungsanspruches. Sofern von der Klägerin (vom Kläger) die konkrete Gefahr einer drohenden Rechtsverletzung (Begehungsgefahr) bewiesen werden kann, lässt die Judikatur auch vorbeugende Unterlassungsklagen zu.

Unterlassungsansprüche verjähren grundsätzlich sechs Monate nach Kenntnis der Tat und der Täterin (des Täters) bzw. jedenfalls drei Jahre nach der Handlung (§ 20 Abs. 1 UWG). Sofern es sich um wettbewerbswidrige Dauerzustände handelt, tritt eine Hemmung der Verjährung des Unterlassungsanspruches für die Dauer des Fortbestehens des rechtswidrigen Zustandes ein (§ 20 Abs. 2 UWG).

Vgl. zu all dem im Überblick bei: *Grünwald/Hauser/Pasrucker*, Wirtschaftsrecht[7], 323 ff.

Für die Klagslegitimation gemäß § 14 UWG ist es ohne Belang, ob die/der Beklagte Mitglied der klagenden Kammer ist oder nicht; dies wäre nur für die Disziplinargewalt ausschlaggebend. Die Klagebefugnis besteht bereits dann, wenn die von der Vereinigung nach ihrer Satzung vertretenen Interessen durch die beanstandete Handlung der/des Beklagten berührt werden (OGH 02.08.2012, 4 Ob 79/12i ecolex 2012, 1089 = ÖBl 2013, 58 = RdM-LS 2013, 23.)

Vgl. zu den wettbewerbsrechtlichen Grundlagen im Gesundheitsbereich und einschlägigen Beispielen dazu: *Hauser*, Ärzt*in im Wettbewerb(srecht) I: Maßgebliche Rechtsgrundlagen für den ärztlichen Wettbewerb, JMG 2024 160 ff. sowie *ders.*, JMG 2024 253 ff.

41 Zivilrechtliche Ansprüche auf Grund von Wettbewerbsverstößen nach den einschlägigen Bestimmungen des UWG sind grundsätzlich vor den Handelsgerichten geltend zu machen.

42 Neben den wettbewerbsrechtlichen Konsequenzen drohen bei Verletzung der Bestimmungen des § 8 auch verwaltungsstrafrechtliche Sanktionen (s. näher § 11 und die Anm. dazu).

Operationspass[1]

§ 9. (1) Für jede Patientin (jeden Patienten), an der (dem) beabsichtigt ist, eine oder mehrere ästhetische Operationen durchzuführen, ist im Rahmen der ersten ärztlichen Konsultation ein Operationspass anzulegen.[2] [3]

(2)[4] [5] **Der Operationspass gemäß Abs. 1 hat insbesondere**[6] **folgende Angaben zu enthalten:**[7]

1. **Vornamen und Familienname,**[8] **Geburtsdatum und gegebenenfalls Sozialversicherungsnummer**[9] **der Patientin (des Patienten),**
2. **Name und Qualifikation (§ 4 Abs. 3) der behandelnden Ärztin (des behandelnden Arztes),**[10]
3. **Datum und Grund der ersten sowie aller folgenden ärztlichen Konsultationen sowie gegebenenfalls der Abklärung gemäß § 5 Abs. 2**[11] **oder § 7 Abs. 2**[12]**,**
4. **Datum der ästhetischen Operation,**
5. **Art der ästhetischen Operation und**
6. [13] **gegebenenfalls Bezeichnung, Art und Typ, Loscode oder Seriennummer des Implantats**[14] **samt Name und Anschrift des Herstellers**[15] **und des Vertreibers.**[16]

(3)[17] **Die Österreichische Ärztekammer hat im übertragenen Wirkungsbereich**[18] **durch Verordnung**[19] **gemäß § 117c Abs. 2 Z 10 Ärztegesetz 1998**[20] **nähere Bestimmungen über Form und Inhalt des Operationspasses zu erlassen.**

(4) Die Eintragungen im Operationspass sind von der behandelnden Ärztin (dem behandelnden Arzt) mit ihrer (seiner) Unterschrift[21] **zu bestätigen.**

(5)[22] **Der Operationspass ist der Patientin (dem Patienten) nach der ersten ärztlichen Konsulta-**

tion[23] zu übergeben. Die Übergabe des Operationspasses an die Patientin (den Patienten) ist von der Ärztin (dem Arzt) schriftlich zu dokumentieren und von der Patientin (dem Patienten) durch ihre (seine) Unterschrift zu bestätigen.[24]

(6) Jede weitere ärztliche Konsultation und durchgeführte ästhetische Operation ist in der Folge ebenfalls in dem von der Patientin (dem Patienten) vorzulegenden Operationspass[25] von der Ärztin (dem Arzt) schriftlich zu dokumentieren und von der Patientin (dem Patienten) durch ihre (seine) Unterschrift zu bestätigen.[26] Abs. 2 Z 2 bis 6 ist anzuwenden.

(7)[27] Hinsichtlich Personen gemäß § 7[28] ist auch für ästhetische Behandlungen ein Operationspass anzulegen. Abs. 1 bis 6 sind anzuwenden.[29]

1 ErläutRV: „Ein verpflichtender Operationspass soll die Qualitätssicherung gewährleisten, wobei insbesondere die medizinische Sicherheit und Information der Patientin (des Patienten) sowie die Information aller behandelnden und nachbehandelnden Ärztinnen (Ärzte) im Vordergrund steht."

2 Auf Grund des eindeutigen Wortlauts von § 9 Abs. 1 wird die Verpflichtung zur Ausstellung eines Operationspasses bereits durch die bloße Absicht der Patientin (des Patienten) eine ästhetische Operation durchzuführen ausgelöst, sofern diese Absichtserklärung im Rahmen einer ärztlichen Konsultation erfolgt; zust. *Klingenschmid*, Ästhetische Behandlungen, 194.

3 Zwar hat die Österreichische Ärztekammer gemäß § 9 Abs. 3 im Wege einer eigenen Verordnung nähere Bestimmungen zu Form und Inhalt des Operationspasses zu erlassen, doch erstreckt sich diese Verordnungsermächtigung nicht auch auf die nähere Ausgestaltung des Begriffes der „ärztlichen Konsultation"; der Österreichischen Ärztekammer steht es aber frei, zu diesem Thema in Form von (unverbindlichen) Richtlinien nähere Hinweise zu bieten.

4 Die (zusätzliche) Ausstellung eines Operationspasses in einer Fremdsprache ist als zulässig anzusehen, sofern dabei die einschlägigen Inhalte unverändert bleiben; vgl. dazu auch § 4 Abs. 3 Verordnung der Österreichischen Ärztekammer über Qualifikationen und einen Operationspass für ästhetische Operationen vom 14.12.2012 i.d.F. vom 13.12.2019 (kurz: ÄsthOp-VO).

5 ErläutRV: „Bei Verlust ist ein neuer Operationspass auszustellen."

6 Über den gesetzlichen Mindestinhalt hinausgehend kann die Österreichische Ärztekammer gemäß § 9 Abs. 3 im Wege einer eigenen Verordnung weitere Bestimmungen zu Form und Inhalt des Operationspasses gestalten. S. dazu die „Verordnung der Österreichischen Ärztekammer über Qualifikationen und einen Operationspass für ästhetische Operationen" vom 14.12.2012 i.d.F. vom 13.12.2019 (kurz: ÄsthOp-VO); abgedruckt unter Anhang 20.

7 ErläutRV: „Der Operationspass hat zumindest die in Abs. 2 angeführten Angaben zu enthalten. Der Operationspass soll sämtliche an einer Person vorgenommenen ästhetischen Operationen einschließlich der erfolgten Aufklärungs- und Beratungsgespräche von Beginn an lückenlos dokumentieren und ist bei jeder derartigen weiteren ärztlichen Konsultation und bei jedem weiteren entsprechenden Eingriff bzw. im Rahmen der klinisch-psychologischen bzw. psychiatrischen Abklärung vorzulegen und zu ergänzen."

8 Im Gefolge der Novelle BGBl. I 120/2016, durch welche in § 1 Abs. 1 Namensänderungsgesetz (BGBl. 195/1988 i.d.g.F.; kurz: NÄG) – in Anpassung an § 38 Abs. 2

Personenstandsgesetz 2013 (BGBl. I 16/2013 i.d.g.F.; kurz: PStG) – die Wortfolge *„des Familiennamens oder Vornamens“* durch die Wortfolge *„des Namens“* ersetzt wurde, kam es auch zu einer einsprechenden Adaption der Bestimmung des § 9 Abs. 2 Z 1, worin sich nunmehr die Wortfolge *„Vornamen und Familienname“* anstelle der ursprünglichen Wortfolge *„Vornamen und Familien- oder Nachname“* findet; vgl. dazu: ErläutRV 1345 BlgNR 25. GP., 1 und 5.

9 § 30 Abs. 1 ASVG sieht vor, dass die Versicherungsträger gemäß §§ 23 bis 25 ASVG (z.B. „Österreichische Gesundheitskasse“) mit sowie die in § 2 Abs. 2 ASVG bezeichneten Sonderversicherungen (z.B. „Kranken- und Unfallversicherung öffentlich Bediensteter“) dem so genannten „Dachverband der Sozialversicherungsträger“ angehören; diesem Dachverband ist gemäß § 30 Abs. 2 Z 3 ASVG die Wahrnehmung trägerübergreifender Verwaltungsaufgaben im Bereich der Sozialversicherung überbunden.

Zur Wahrnehmung derartiger trägerübergreifender Verwaltungsaufgaben gehört gemäß § 30 Abs. c lit. 1 ASVG u.a. die Vergabe von einheitlichen Versicherungsnummern und deren Verknüpfung mit dem entsprechenden bereichsspezifischen Personenkennzeichen (gemäß § 9 des E-Government-Gesetzes, BGBl. I Nr.10/2004) zur Verwaltung personenbezogener Daten im Rahmen der der Sozialversicherung gesetzlich übertragenen Aufgaben. Vgl. dazu weiters die §§ 460d ff. ASVG.

10 Gemäß § 4 Abs. 3 darf eine ästhetische Operation grundsätzlich nur von zur selbständigen Berufsausübung berechtigten Fachärztinnen (Fachärzten) für Plastische, Ästhetische und Rekonstruktive Chirurgie, weitere zur selbständigen Berufsausübung berechtigten Fachärztinnen (Fachärzten) unter Berücksichtigung des § 31 Abs. 3 ÄrzteG, soweit sie durch Verordnung der Österreichischen Ärztekammer gemäß Abs. 5 Z 2 dazu berechtigt sind, und schließlich zur selbständigen Berufsausübung berechtigten

Ärztinnen (Ärzten) für Allgemeinmedizin, soweit sie hinsichtlich bestimmter Eingriffe über eine Anerkennung durch die Österreichische Ärztekammer verfügen, durchgeführt werden; s. dazu oben Anm. 7 ff. zu § 4.

11 S. dazu oben Anm. 21 ff. zu § 5.

12 S. dazu oben Anm. 5 ff. zu § 7.

13 ErläutRV: „Abs. 2 Z 6 nimmt Bezug auf § 10 Abs. 3 der Medizinproduktebetreiber-Verordnung – MPBV, BGBl. II Nr. 70/2007 (Implantatregister) und entspricht den Angaben im Implantatpass nach § 8 Abs. 2 Medizinproduktegesetz, BGBl. Nr. 657/1996."

Gemäß § 10 Abs. 3 MPBV hat das Implantatregister folgende Inhalte aufzuweisen:

- Bezeichnung, Art und Typ, Loscode oder Seriennummer des Implantats,
- Name und Anschrift des Herstellers bzw. der Herstellerin,
- Name und Anschrift des Vertreibers bzw. der Vertreiberin,
- Name und Sozialversicherungsnummer der Patientin (des Patienten),
- Datum der Implantation,
- Name der für die Implantation verantwortlichen Person und
- Intervalle der nachfolgenden Kontrolluntersuchungen unter Bedachtnahme auf die Herstellerangaben.

Angemerkt sei, dass aktuell das Medizinproduktegesetz 2021 (BGBl. I 122/2021 i.d.g.F.; kurz: MPG 2021) in Kraft steht; in § 50 Abs. 2 MPG 2021 ist Folgendes geregelt: *„Die für die Implantation eines Medizinproduktes verantwortliche Gesundheitseinrichtung oder Person hat dem Patienten, dem ein Medizinprodukt implantiert wird, oder gegebenenfalls seinem gesetzlichen Vertreter, eine Information mit den in Art. 18 Abs. 1 lit. a bis d der Verordnung (EU) Nr.*

745/2017 [kurz: MedizinprodukteVO] enthaltenen Angaben in einer Form bereitzustellen, die einen schnellen Zugang zu den Informationen ermöglicht und ihnen gleichzeitig den Implantationsausweis, der die Angaben zu ihrer Identität enthält, zur Verfügung zu stellen. Die entsprechenden Informationen in der Gebrauchsanweisung und den sonstigen beigefügten sicherheitsbezogenen Informationen der implantierbaren Medizinprodukte sind dabei zu beachten."

Die MPBV ist von der Bestimmung des § 92 MPG 2021, in welcher die einschlägigen Verordnungen angeführt sind, die mit dem Inkrafttreten des MPG 2021 außer Kraft treten, nicht erfasst.

14 Unter einem Implantat(-Material) kann ganz generell ein synthetisches bzw. nichtlebendes (natürliches) Material verstanden werden, welches im Rahmen einer medizinischen Behandlung i.d.R. zu therapeutischen Zwecken eingesetzt wird, wobei es regelmäßig in direkten Kontakt mit dem menschlichen Körper kommt.

Vgl. auch Art. 2 Z 5 MedizinprodukteVO, worin ein „implantierbares Produkt" als Produkt definiert wird, das dazu bestimmt ist, durch einen klinischen Eingriff ganz in den menschlichen Körper eingeführt zu werden oder eine Epitheloberfläche oder die Oberfläche des Auges zu ersetzen und nach dem Eingriff dort zu verbleiben; dies gilt auch dann, wenn das Produkt vollständig oder teilweise resorbiert werden soll. Als implantierbares Produkt gilt auch jedes Produkt, das dazu bestimmt ist, durch einen klinischen Eingriff teilweise in den menschlichen Körper eingeführt zu werden und nach dem Eingriff mindestens 30 Tage dort zu verbleiben.

15 Als „Hersteller" bzw. „Herstellerin" gilt eine natürliche oder juristische Person, die ein Produkt herstellt oder neu aufbereitet bzw. entwickeln, herstellen oder neu aufbereiten lässt und dieses Produkt unter ihrem eigenen Namen oder ihrer eigenen Marke vermarktet (Art. 2 Z 30 MedizinprodukteVO).

Dabei gilt „Aufbereitung“ als ein Verfahren, dem ein gebrauchtes Produkt unterzogen wird, damit es sicher wiederverwendet werden kann; zu diesen Verfahren gehören Reinigung, Desinfektion, Sterilisation und ähnliche Verfahren sowie Prüfungen und Wiederherstellung der technischen und funktionellen Sicherheit des gebrauchten Produkts (Art. 2 Z. 39 MedizinprodukteVO).

„Neuaufbereitung“ im Sinne der Herstellerdefinition bezeichnet die vollständige Rekonstruktion eines bereits in Verkehr gebrachten oder in Betrieb genommenen Produkts oder die Herstellung eines neuen Produkts aus gebrauchten Produkten mit dem Ziel, dass das Produkt den Anforderungen dieser Verordnung entspricht; dabei beginnt für die als neu aufbereiteten Produkte eine neue Lebensdauer (Art. 2 Z 31 MedizinprodukteVO).

16 Zur Registrierung von Herstellerinnen (Herstellern) und Händlerinnen (Händlern) s. näher §§ 30 f. MedizinprodukteVO.

17 ErläutRV: „Form und Inhalt des Operations- und Behandlungspasses sind von der Österreichischen Ärztekammer im übertragenen Wirkungsbereich durch Verordnung gemäß § 117c Abs. 2 Z 10 Ärztegesetz 1998 einheitlich festzulegen (Abs. 3).“ S. dazu Anhang 20.

18 Im Rahmen des „übertragenen Wirkungsbereiches“ besorgt (generell gesprochen) der Selbstverwaltungskörper „Ärztekammer“ in Unterordnung unter den Bund die gesetzlich vorgegebenen Aufgaben. Dies bedeutet u.a., dass eine entsprechende Weisungsgebundenheit gegenüber dem Bund gegeben ist; s. dazu allgemein bei: *Mayer/Kucsko-Stadlmayer/Stöger*, Bundesverfassungsrecht^{11} (2015) Rz. 857.

19 Unter einer Verordnung versteht man eine generelle Rechtsvorschrift, die von einer Verwaltungsbehörde erlassen wird und die sich ihrem Inhalt nach an die Rechtsunterworfenen nach außen richtet; gemäß Art. 139 B-VG können

Verordnungen wegen Gesetzwidrigkeit vom VfGH aufgehoben werden (s. dazu im Detail: *Mayer/Kucsko-Stadlmayer/Stöger*, Bundesverfassungsrecht[11], Rz. 590 ff. bzw. Rz. 1103 ff.).

Gemäß § 4 Abs. 3 Bundesgesetzblattgesetz (BGBl. I 100/ 2003 i.d.g.F.) können durch Verordnung des Bundeskanzlers im Einvernehmen mit der (dem) zuständigen Bundesministerin (Bundesminister) Verordnungen anderer Bundesbehörden im Bundesgesetzblatt II (Verordnungsblatt) verlautbart werden.

20 Gemäß § 117c Abs. 2 Z 10 ÄrzteG „obliegt" der Österreichischen Ärztekammer die Erlassung der Verordnung über Qualifikationen und einen Operationspass für ästhetische Operationen; s. dazu Anhang 20.

21 Dabei handelt es sich kraft ausdrücklicher gesetzlicher Formulierung um eine höchstpersönliche Verpflichtung der Ärztin (des Arztes); das bedeutet, dass eine Stellvertretung nicht zulässig ist. Auch bleibt kein Raum für eine bloße Stampiglien- oder (unqualifizierte) elektronische Unterfertigung; zust. *Klingenschmid*, Ästhetische Behandlungen, 196.

22 ErläutRV: „Da der Operationspass im Besitz der Patientin (des Patienten) bleibt und von dieser (diesem) persönlich vorgelegt wird, ist der bei sensiblen Daten (...) geforderten Freiwilligkeit in Kenntnis der Sachlage und für den konkreten Fall (...) Genüge getan."

Gemäß Art. 9 Abs. 1 Datenschutz-Grundverordnung (VO [EU] 2016/679; kurz: DSGVO) werden personenbezogener Daten, aus denen die rassische und ethnische Herkunft, politische Meinungen, religiöse oder weltanschauliche Überzeugungen oder die Gewerkschaftszugehörigkeit hervorgehen, sowie die Verarbeitung von genetischen Daten, biometrischen Daten zur eindeutigen Identifizierung einer natürlichen Person, Gesundheitsdaten oder Daten zum

Sexualleben oder der sexuellen Orientierung einer natürlichen Person als „besondere Kategorien personenbezogener Daten“ („sensible Daten“) bezeichnet.

23 Gemeint ist damit wohl bereits das erste zur ins Auge gefassten Behandlung geführte ernsthafte Beratungsgespräch, welches zwischen Ärztin (Arzt) und (potenzieller) Patientin (potenziellem) (Patienten) geführt wird.

24 Auch betreffend die Aushändigung des Operationspasses normiert das ÄsthOpG ein strenges Schriftformgebot, welches es insbesondere im Eigeninteresse von der Ärztin (dem Arzt) wahrzunehmen gilt.

25 Darin manifestiert sich eine gesetzliche Mitwirkungsverpflichtung der Patientin (des Patienten), welche freilich nicht sanktionsbewehrt ist. S. dazu grundsätzlich: *Dullinger*, Mitwirkungspflichten des Patienten im Rahmen der ärztlichen Behandlung, RdM 2012, 222 ff.

26 Im eigenen Interesse wird die Ärztin (der Arzt) die Vorlage des Operationspasses und die entsprechende Mitwirkungspflicht an der Dokumentation sowie die Unterschriftsleistung der Patientin (des Patienten) mit Nachdruck einfordern müssen.

Pragmatisch klug ist der Vorschlag von *Klingenschmid*, Ästhetische Behandlungen, 196, dass die Ärztin (der Arzt) eine Kopie des (auszuhändigenden) Operationspasses anlegt und diese samt entsprechender Übernahmebestätigung der Patientin (des Pateienten) verwahrt.

27 ErläutRV: „Abs. 7 nimmt auf das besondere Schutzbedürfnis Jugendlicher Bedacht und sieht daher vor, dass bei diesen auch bei ästhetischen Behandlungen ein Operationspass anzulegen ist.“

28 Gemeint sind insbesondere Personen, die das 16. Lebensjahr vollendet und das 18. Lebensjahr noch nicht vollendet haben.

29 Daraus ergibt sich, dass die betroffenen Personen selbst die entsprechenden Unterschriften zu leisten haben; überdies werden aber auch Kraft allgemeiner Vertretungsregelungen jedenfalls auch die gesetzlichen Vertreterinnen (Vertreter) die entsprechenden Unterschriften zu leisten haben; zust. *Klingenschmid*, Ästhetische Behandlungen, 197.

Information des Krankenversicherungsträgers[1]

§ 10. Bei Verdacht[2], dass eine fehlerhaft durchgeführte[3] ästhetische Behandlung oder Operation im Sinne dieses Bundesgesetzes zu einer Erkrankung[4] oder sonstigen Komplikation[5] geführt hat,[6] haben[7] nachbehandelnde Ärztinnen (Ärzte), die die ästhetische Behandlung oder Operation durchgeführt haben, sowie sonstige nachbehandelnde Ärztinnen (Ärzte) die entsprechenden Informationen an den gesetzlichen Krankenversicherungsträger[8], die Krankenfürsorgeanstalt[9] oder den gesetzlichen Pensionsversicherungsträger[10] zur Prüfung eines allfälligen Regressanspruches zu übermitteln, sofern es sich bei der Nachbehandlung um eine sozialversicherungsrechtlich erstattungsfähige Leistung[11] handelt.[12] [13] [14]

1 ErläutRV: „§ 10 normiert bei Verdacht auf eine fehlerhafte ästhetische Behandlung oder Operation mit nachfolgender Krankenbehandlung eine Informationspflicht sowohl jeder (jedes) nachbehandelnden Ärztin (Arztes) als auch erforderlichenfalls der Ärztin (des Arztes), die (der) die ästhetische Behandlung oder Operation durchgeführt hat, an den gesetzlichen Krankenversicherungsträger, Pensionsversicherungsträger bzw. die Krankenfürsorgeanstalt, damit diese (dieser) allfällige Regressansprüche im Rahmen von Folgebehandlungen, die mit einer ästhetischen Operation im Zusammenhang stehen könnten, prüfen kann. Wenngleich derzeit erfahrungsgemäß schon zur Vermeidung von Prozessrisken die Träger der gesetzlichen Krankenversicherung von § 332 ASVG nur nach sorgfältiger Prüfung Gebrauch machen, so ist der in Aussicht genommene § 10, der an die bestehende Rechtslage anknüpft, als wesentlicher Beitrag zur Qualitätssicherung zu sehen.“

§ 332 Abs. 1 ASVG lautet wie folgt:

„Können Personen, denen nach den Bestimmungen dieses Bundesgesetzes Leistungen zustehen oder für die als Angehörige gemäß § 123 [ASV] Leistungen zu gewähren sind, den Ersatz des Schadens, der ihnen durch den Versicherungsfall erwachsen ist, auf Grund anderer gesetzlicher Vorschriften beanspruchen, geht der Anspruch auf den Versicherungsträger insoweit über, als dieser Leistungen zu erbringen hat. Der Anspruch umfasst auch die Aufwendungen des Landesgesundheitsfonds, die nach § 148 Z 2 von der Krankenanstalt in Rechnung gestellt werden. Der Versicherungsträger hat dem Landesgesundheitsfonds jenen Teil der Regresseinnahmen, der nicht durch Mittel der Sozialversicherung gemäß § 447f Abs. 1 gedeckt ist, abzüglich eines anteilsmäßigen Verwaltungskostenersatzes für die Geltendmachung, zu überweisen. Ansprüche auf Schmerzengeld gehen auf den Versicherungsträger nicht über.“

2 Ausreichend für eine entsprechende Informationsverpflichtung ist der (bloße) Verdacht, dass eine fehlerhaft durchgeführte ästhetische Behandlung oder Operation zu einer Erkrankung oder sonstigen Komplikation geführt hat (*Pitzl/Huber*, Aufklärungs-, Einwilligungs- und Informationspflichten nach dem ÄsthOpG, RdM 2014, 93; *Klingenschmid*, Ästhetische Behandlungen und Operationen [2015] 198; *Maleczky*, ÄsthOpG, in: *Neumayr/Resch/Wallner*[2] [Hg.], GmundKomm [Stand: 01.01.2022; rdb.at] Anm. 1 FN 3 zu § 8 ÄsthOpG); überdies verlangt das Gesetz das Vorliegen einer sozialversicherungsrechtlich erstattungsfähigen Leistung betreffend die erforderlichen bzw. bevorstehende Nachbehandlung, wobei auch dafür die (bloße) Wahrscheinlichkeit ausreichend sein wird (*Klingenschmid*, Ästhetische Behandlungen, 199).

3 ErläutRV: „Zur Beurteilung, ob ein ärztlicher Eingriff „lege artis“ erfolgte oder nicht, ist der Sorgfaltsmaßstab der österreichischen Rechtsordnung (arg.: „fehlerhaft“) heranzuziehen. Aus dem Wort „durchgeführte“ ergibt sich, dass ein

Verdacht gemäß § 10 auch die Vermutung der Kausalität voraussetzt."

4 Unter Krankheit ist ein regelwidriger Körper- oder Geisteszustand zu verstehen, der eine Krankenbehandlung notwendig macht (§ 120 Z 1 ASVG).

5 Unter einer (gesundheitlichen) Komplikation kann eine ungünstige Beeinflussung bzw. Verschlimmerung eines dem Grunde nach überschaubaren Krankheitszustandes bzw. eines chirurgischen Eingriffes verstanden werden.

6 Sofern die Patientin (der Patient) im Rahmen eines Behandlungsvertrages einen Schaden an Leben, Leib oder Gesundheit erleidet, kann auf Basis der allgemeinen Schadenersatzregelungen des ABGB gegebenenfalls ein Ersatzanspruch geltend gemacht werden. Voraussetzung für die Geltendmachung von Schadenersatzansprüchen im Rahmen der so genannten Verschuldenshaftung sind:

- Eintritt eines Schadens,
- Verursachung durch den Schädiger (die Schädigerin),
- Rechtswidrigkeit der schädigenden Handlung,
- Verschulden des Schädigers (der Schädigerin).

Im Zusammenhang mit der Verursachung (Kausalität) ist insbesondere die Frage von Bedeutung, ob der Schaden auch dann eingetreten wäre, wenn die Schädigerin (der Schädiger) jene Handlung, die für das nachteilige Ereignis maßgeblich ist, unterlassen hätte. Zum anderen ist zu prüfen, ob der Schaden unter Umständen ausgeblieben wäre, wenn die Schädigerin (der Schädiger) pflichtbewusst gehandelt hätte. Im Zusammenhang mit den Behandlungsverträgen hat sich in der Rechtsprechung des OGH der Begriff des schicksalhaften Krankheitsverlaufes etabliert (s. dazu etwa: OGH 07.04.2003, 2 Ob 313/01w bzw. OGH 10.06.2008, 4 Ob 75/08w); damit ist gemeint, dass für das Vorliegen eines schadenskausalen Behandlungsfehlers dann keine Grundlage gegeben ist, wenn auf Grund der spezifischen

Gegebenheiten des Krankheitsverlaufes der Schaden jedenfalls (das heißt mit oder ohne Behandlung) eingetreten wäre.

Ein rechtswidriges Verhalten im Rahmen einer Heilbehandlung wird insbesondere dann anzunehmen sein, wenn die behandelnde Person die allgemein akzeptierten Grundsätze und Regeln, die den aktuellen Stand der Wissenschaft widerspiegeln, außer Acht lässt bzw. – allgemein gesprochen – die gesetzlich verankerten oder sonst akzeptierten Berufspflichten verletzt werden. Auf der Ebene des Verschuldens kann zwischen leichter Fahrlässigkeit, grober Fahrlässigkeit und Vorsatz unterschieden werden. Vorsatz ist dann gegeben, wenn die Schädigerin (der Schädiger) bewusst rechtswidrig handelt und das schädigende Ereignis voraussieht und in Kauf nimmt. Lässt hingegen eine Schädigerin (ein Schädiger) bei ihrer (seiner) Handlung lediglich die notwendige Sorgfalt vermissen, liegt Fahrlässigkeit vor. Je nachdem, ob die Sorglosigkeit eine Intensität erreicht, die einem durchschnittlich ordentlichen bzw. gewissenhaften Menschen in der gegebenen Situation keinesfalls unterläuft oder ob der Fehler auch einem an sich sorgfältigen Menschen passieren kann, liegt grobe bzw. leichte Fahrlässigkeit vor.

Trifft die Geschädigte (den Geschädigten) ein Mitverschulden am Schadenseintritt, ist eine Schadensteilung zwischen Geschädigter (Geschädigtem) und Schädigerin (Schädiger) vorgesehen (Beispiel: Eine Patientin (ein Patient) verschweigt der Ärztin (dem Arzt) bewusst gewisse Symptome oder eine Vorerkrankung; s. OGH 27.09.2005, 10 Ob 22/04i). Dabei richten sich die Teile grundsätzlich nach dem Ausmaß des Verschuldens von Schädigerin (Schädiger) und Geschädigter (Geschädigtem); sofern sich das Verhältnis des Verschuldens nicht bestimmen lässt, haften Schädigerin (Schädiger) und Geschädigte (Geschädigter) zu gleichen Teilen (§ 1304 ABGB).

Wenn eine Schädigung im Rahmen eines Behandlungsvertrages erfolgt, gilt gemäß § 1298 ABGB, dass die

Schädigerin (der Schädiger) beweisen muss, dass sie (er) am Eintritt des Schadens schuldlos war (Umkehr der Beweislast). Vor allem deshalb ist es aus rechtlicher Sicht von grundlegender Bedeutung, dass die behandelnde Person ihre Tätigkeiten umfassend und korrekt dokumentiert.

Sofern sich die behandelnde Person zur Erfüllung des Behandlungsvertrages einer oder mehrerer Hilfspersonen bedient, haftet sie für den verschuldeten Schaden der Gehilfen zur Gänze (so genannte Erfüllungsgehilfenhaftung – § 1313a ABGB; s. etwa OGH 22.01.2008, 4 Ob 210/07x).

7 Auf Grund der vom Gesetzgeber gewählten Formulierung ist vom Bestehen einer unbedingten Informationspflicht auszugehen. Die Verletzung der diesbezüglichen ärztlichen Verpflichtung steht insbesondere unter der Verwaltungsstrafsanktion des § 11; daneben sind auch strafrechtliche sowie zivilrechtliche Konsequenzen (z.B.: Schadenseintritt auf Grund unterlassener Informationen) denkbar.

8 Dazu zählt insbesondere die Österreichische Gesundheitskasse (ÖGK); vgl. § 23 Abs. 1 ASVG.

9 Dazu zählt insbesondere die Versicherungsanstalt öffentlich Bediensteter, Eisenbahnen und Bergbau (BVAEB).

10 Dazu zählten insbesondere die Pensionsversicherungsanstalt (PVA); vgl. § 25 Abs. 1 Z ASVG.

11 S. dazu insbesondere § 332 ASVG bzw die näheren Ausführungen bei: *Böhler*, Sozialversicherungsrechtliche Modifikationen des Schadenersatzrechts, in: *Tomandl/Felten* (Hg.), System des österreichischen Sozialversicherungsrechts (40. Erg.-Lfg. – 2023) 430 ff. m.w.N.

12 ErläutRV: „Gemäß § 54 Abs. 2 Z. 1 ÄrzteG 1998 besteht die Verschwiegenheitspflicht der Ärztin (des Arztes) nicht, wenn nach gesetzlichen Vorschriften eine Meldung der

Ärztin (des Arztes) über den Gesundheitszustand bestimmter Personen vorgeschrieben ist."

§ 54 Abs. 1 und Abs. 2 Z 1 ÄrzteG lautet wie folgt:

„(1) Die Ärztin/der Arzt und ihre/seine Hilfspersonen sind zur Verschwiegenheit über alle ihnen in Ausübung ihres Berufes anvertrauten oder bekannt gewordenen Geheimnisse verpflichtet.

(2) Die Verschwiegenheitspflicht besteht nicht, wenn

1. nach gesetzlichen Vorschriften eine Meldung der Ärztin/des Arztes über den Gesundheitszustand bestimmter Personen vorgeschrieben ist,

(...)"

Die Regelung des § 10 umfasst lediglich solche Informationen, die für die Geltendmachung von einschlägigen Regressansprüchen erforderlich sind (*Maleczky*, in: *Neumayr/Resch/Wallner*[2] [Hg.], Anm. 4 zu § 10).

Pitzl/Huber, RdM 2014, 93 machen auf das Spannungsverhältnis der in § 10 festgelegten Informationspflicht „mit dem aus Art. 6 MRK und Art. 90 B-VG abgeleiteten Grundsatz des Verbots der Selbstbezichtigung" aufmerksam. Als Lösungsansatz dazu verweist *Klingenschmid*, Ästhetische Behandlungen, 199 auf die einschlägige Rechtslage in Deutschland, der zufolge von behandelnden Ärztinnen (Ärzten) in Erfüllung von Informationspflichten getätigte Hinweise in einschlägigen Strafverfahren nur mit ausdrücklicher Zustimmung zu Beweiszwecken verwendet werden dürfen. Damit korrespondiert auch die Spruchpraxis des VwGH i.Z.m. der Beweisverwertung von unzulässig vorgenommen Blutuntersuchungen (VwSlg 9.975; s. aber auch VwGH 20.02.2013, 2012/11/0005); s. dazu näher bei: *Berka/Binder/Kneihs*, Die Grundrechte[2] (2019) 831 f., 871 ff. (873).

Zur mit § 10 vergleichbaren Informationspflicht in Deutschland s. im Überblick bei: *Schmitt*, ÄsthOpG, 353 ff.

13 ErläutRV: „Ergänzend wird auf § 1 Produkthaftungsgesetz [PHG], BGBl. Nr. 95/1993, hingewiesen, wonach, wenn durch den Fehler eines Produkts ein Mensch getötet, am Körper verletzt oder an der Gesundheit geschädigt oder eine von dem Produkt verschiedene körperliche Sache beschädigt wird, für den Ersatz des Schadens der Unternehmer, der es hergestellt und in den Verkehr gebracht hat oder der Unternehmer, der es zum Vertrieb in den Europäischen Wirtschaftsraum eingeführt und hier in den Verkehr gebracht hat (Importeur), haftet."

S. näher zu den maßgeblichen Regelungsinhalten des PHG etwa bei: *Rabl*, Produkthaftungsgesetz (2016).

14 Bei Verletzung der Informationspflicht gemäß § 10 sieht § 11 die Verhängung einer Verwaltungsstrafe vor, wobei bereits fahrlässiges Verhalten die Verhängung einer Verwaltungsstrafe auslösen kann (vgl. § 11 Anm 2 sowie: *Pitzl/Huber*, RdM 2014, 93 oder *Klingenschmid*, Ästhetische Behandlungen, 200 f.).

Überdies gilt darauf zu verweisen, dass eine Missachtung der Informationspflicht gemäß § 10 einen allfälligen Verjährungseinwand in einem (nachfolgenden) Zivilverfahren unzulässig macht (*Maleczky*, in: *Neumayr/Resch/Wallner*[2] [Hg.], Anm. 2 zu § 10).

Strafbestimmungen[1 2 3 4 5]

§ 11. (1) Wer einer oder mehreren in den §§ 4, 5, 6, 7, 8, 9 Abs. 1 und 4 bis 6 sowie § 10 enthaltenen Anordnungen oder Verboten zuwider handelt, begeht, sofern die Tat nicht den Tatbestand einer in die Zuständigkeit der Gerichte fallenden strafbaren Handlung bildet,[6] eine Verwaltungsübertretung und ist mit einer Geldstrafe bis zu 15 000 Euro zu bestrafen. Der Versuch ist strafbar.[7]

(2) Sofern

1. **aus der Tat gemäß Abs. 1 eine schwerwiegende Gefahr für Leib und Leben oder die Gesundheit eines Menschen entstanden ist oder**
2. **die Täterin (der Täter) bereits zwei Mal wegen einer Verwaltungsübertretung gemäß Abs. 1 bestraft worden ist, ist die Täterin (der Täter) mit einer Geldstrafe bis zu 25 000 Euro zu bestrafen.**

1 ErläutRV: „Klargestellt wird, dass durch die vorliegenden Bestimmungen keine Strafbarkeit für die Patientin (den Patienten) entsteht."

2 ErläutRV: „Festzuhalten ist, dass § 5 Verwaltungsstrafgesetz 1991, wonach zur Strafbarkeit fahrlässiges Verhalten genügt, zur Anwendung kommt. Fahrlässigkeit ist gemäß dieser Bestimmung bei Zuwiderhandeln gegen ein Verbot oder bei Nichtbefolgung eines Gebotes dann ohne weiteres anzunehmen, wenn zum Tatbestand einer Verwaltungsübertretung der Eintritt eines Schadens oder einer Gefahr nicht gehört und die Täterin (der Täter) nicht glaubhaft macht, dass ihn an der Verletzung der Verwaltungsvorschrift kein Verschulden trifft;" zust.: *Pitzl/Huber*, Aufklärungs-, Einwilligungs- und Informationspflichten nach dem

ÄsthOpG, RdM 2014, RdM 2014, 93 sowie *Klingenschmid*, Ästhetische Behandlungen und Operationen (2015) 201.

§ 5 Verwaltungsstrafgesetz 1991 lautet wie folgt:

„*(1) Wenn eine Verwaltungsvorschrift über das Verschulden nicht anderes bestimmt, genügt zur Strafbarkeit fahrlässiges Verhalten. Fahrlässigkeit ist bei Zuwiderhandeln gegen ein Verbot oder bei Nichtbefolgung eines Gebotes dann ohne weiteres anzunehmen, wenn zum Tatbestand einer Verwaltungsübertretung der Eintritt eines Schadens oder einer Gefahr nicht gehört und der Täter nicht glaubhaft macht, dass ihn an der Verletzung der Verwaltungsvorschrift kein Verschulden trifft.*

(1a) Abs. 1 zweiter Satz gilt nicht, wenn die Verwaltungsübertretung mit einer Geldstrafe von über 50 000 Euro bedroht ist.

(2) Unkenntnis der Verwaltungsvorschrift, der der Täter zuwidergehandelt hat, entschuldigt nur dann, wenn sie erwiesenermaßen unverschuldet ist und der Täter das Unerlaubte seines Verhaltens ohne Kenntnis der Verwaltungsvorschrift nicht einsehen konnte.“

3 ErläutRV: „Es wird ausdrücklich darauf hingewiesen, dass die normierten Anordnungen und Verbote selbstverständlich auch dann gelten, wenn die behandelnde Ärztin (der behandelnde Arzt) im Rahmen einer Krankenanstalt oder vergleichbaren Einrichtung des Gesundheitswesens tätig wird. In diesem Zusammenhang kommen die Verantwortlichkeiten gemäß §§ 7 und 9 Verwaltungsstrafgesetz 1991 zur Anwendung.“

§ 7 Verwaltungsstrafgesetz 1991 lautet wie folgt:

„*Wer vorsätzlich veranlasst, dass ein anderer eine Verwaltungsübertretung begeht, oder wer vorsätzlich einem anderen die Begehung einer Verwaltungsübertretung erleichtert, unterliegt der auf diese Übertretung gesetzten Strafe, und zwar auch dann, wenn der unmittelbare Täter selbst nicht strafbar ist.*“

§ 9 Verwaltungsstrafgesetz 1991 lautet wie folgt:

„(1) Für die Einhaltung der Verwaltungsvorschriften durch juristische Personen oder eingetragene Personengesellschaften ist, sofern die Verwaltungsvorschriften nicht anderes bestimmen und soweit nicht verantwortliche Beauftragte (Abs. 2) bestellt sind, strafrechtlich verantwortlich, wer zur Vertretung nach außen berufen ist.

(2) Die zur Vertretung nach außen Berufenen sind berechtigt und, soweit es sich zur Sicherstellung der strafrechtlichen Verantwortlichkeit als erforderlich erweist, auf Verlangen der Behörde verpflichtet, aus ihrem Kreis eine oder mehrere Personen als verantwortliche Beauftragte zu bestellen, denen für das ganze Unternehmen oder für bestimmte räumlich oder sachlich abgegrenzte Bereiche des Unternehmens die Verantwortung für die Einhaltung der Verwaltungsvorschriften obliegt. Für bestimmte räumlich oder sachlich abgegrenzte Bereiche des Unternehmens können aber auch andere Personen zu verantwortlichen Beauftragten bestellt werden.

(3) Eine natürliche Person, die Inhaber eines räumlich oder sachlich gegliederten Unternehmens ist, kann für bestimmte räumlich oder sachlich abgegrenzte Bereiche ihres Unternehmens einen verantwortlichen Beauftragten bestellen.

(4) Verantwortlicher Beauftragter kann nur eine Person mit Hauptwohnsitz im Inland sein, die strafrechtlich verfolgt werden kann, ihrer Bestellung nachweislich zugestimmt hat und der für den ihrer Verantwortung unterliegenden klar abzugrenzenden Bereich eine entsprechende Anordnungsbefugnis zugewiesen ist. Das Erfordernis des Hauptwohnsitzes im Inland gilt nicht für Staatsangehörige von EWR-Vertragsstaaten, falls Zustellungen im Verwaltungsstrafverfahren durch Staatsverträge mit dem Vertragsstaat des Wohnsitzes des verantwortlichen Beauftragten oder auf andere Weise sichergestellt sind.

(5) Verletzt der verantwortliche Beauftragte auf Grund einer besonderen Weisung des Auftraggebers eine Verwaltungsvorschrift, so ist er dann nicht verantwortlich, wenn er

glaubhaft zu machen vermag, dass ihm die Einhaltung dieser Verwaltungsvorschrift unzumutbar war.

(6) Die zur Vertretung nach außen berufenen Personen im Sinne des Abs. 1 sowie Personen im Sinne des Abs. 3 bleiben trotz Bestellung eines verantwortlichen Beauftragten – unbeschadet der Fälle des § 7 – strafrechtlich verantwortlich, wenn sie die Tat vorsätzlich nicht verhindert haben.

(7) Juristische Personen und eingetragene Personengesellschaften sowie die in Abs. 3 genannten natürlichen Personen haften für die über die zur Vertretung nach außen Berufenen oder über einen verantwortlichen Beauftragten verhängten Geldstrafen, sonstige in Geld bemessene Unrechtsfolgen und die Verfahrenskosten zur ungeteilten Hand."

4 ErläutRV: „Das ÄsthOpG normiert ärztliche Berufspflichten im Sinne des § 136 Abs. 1 Z 2 Ärztegesetz 1998. Selbstverständlich können bei entsprechenden Verstößen auch die disziplinarrechtlichen Regelungen des Ärztegesetzes 1998 zur Anwendung kommen."

In § 136 Abs. 1 Z 2 ÄrzteG ist geregelt, dass Ärztinnen (Ärzte) sich eines Disziplinarvergehens schuldig machen, wenn sie im Inland oder im Ausland die Berufspflichten verletzen, zu deren Einhaltung sie sich anlässlich der Promotion zum Doctor medicinae universae verpflichtet haben oder zu deren Einhaltung sie gemäß ÄrzteG oder nach anderen Vorschriften verpflichtet sind.

5 Neben § 11 gelten u.a. auch die (allgemeinen) Bestimmungen des Strafgesetzbuches, des Gesetzes gegen den unlauteren Wettbewerb (UWG) sowie des ärztlichen Disziplinarrechts; dieses wird insbesondere von den zuständigen Ärztekammern ausgeübt (s. dazu §§ 135 ff. ÄrzteG).

Schließlich ist auch zu beachten, dass ein Verstoß gegen die das ÄsthOpG konkretisierende Verordnung der Österreichischen Ärztekammer über Qualifikationen und einen Operationspass für ästhetische Operationen vom 14.12.2012 i.d.F. vom 13.12.2019 (ÄsthOp-VO) i.d.R. auch mit einer Verletzung der Bestimmungen des ÄsthOpG einhergehen wird (*Weiss*, ÄsthOpG [2014] Anm. 1 zu § 11; *Klingenschmid*, Ästhetische Behandlungen, 200).

Als Disziplinarstrafen im Falle der Verletzung von ärztlichen Berufspflichten bzw. der Schädigung des Ansehens der Ärzteschaft sind der schriftliche Verweis, Geldstrafen, die befristete Untersagung der Berufsausübung sowie die Streichung aus der Ärzteliste vorgesehen (§ 139 ÄrzteG).

6 ErläutRV: „Verstöße gegen die Anordnungen und Verbote der §§ 4 bis 10 mit Ausnahme des § 9 Abs. 2 und 3, die seitens der behandelnden Ärztin (des behandelnden Arztes) zu befolgen sind, werden als Verwaltungsstraftatbestand normiert. Hierbei wird der Vorrang des gerichtlichen Strafrechts gegenüber dem Verwaltungsstrafrecht ausdrücklich festgelegt."

7 S. dazu auch § 8 Verwaltungsstrafgesetz 1991, welcher wie folgt lautet:

„(1) Sofern eine Verwaltungsvorschrift den Versuch einer Verwaltungsübertretung ausdrücklich für strafbar erklärt, unterliegt der Strafe, wer vorsätzlich eine zur wirklichen Ausübung führende Handlung unternimmt.

(2) Wegen Versuches wird nicht bestraft, wer aus freien Stücken die Ausführung aufgibt oder verhindert oder den Erfolg abwendet."

Übergangsbestimmung[1]

§ 12. (1) Vor Inkrafttreten dieses Bundesgesetzes[2] **begonnene oder vertraglich vereinbarte ästhetische Behandlungen und Operationen, die im Zeitpunkt des Inkrafttretens noch nicht abgeschlossen sind, sowie in unmittelbarem Zusammenhang mit diesem Eingriff stehende unbedingt erforderliche Nachbehandlungen sind von der Anwendung dieses Bundesgesetzes ausgenommen.**

(2) Nachweisverfahren gemäß § 4 Abs. 3 Z 3 betreffend Ärztinnen (Ärzte) für Allgemeinmedizin,[3] **die bereits vor dem 1. Jänner 2013 ästhetische Operationen vorgenommen haben, sind bis längstens 1. Juli 2013 abzuschließen. Entsprechende Anträge können bereits vor Inkrafttreten dieses Gesetzes, längstens aber bis zum Ablauf des 31. Jänner 2013 gestellt werden. Bis zum Abschluss dieses Verfahrens ist die jeweilige Ärztin (der jeweilige Arzt) berechtigt, die bisher durchgeführten Eingriffe weiterhin vorzunehmen.**

(3) Verordnungen auf Grundlage dieses Bundesgesetzes können bereits vor seinem Inkrafttreten (§ 13) erlassen werden. Sie dürfen frühestens mit Inkrafttreten dieses Bundesgesetzes in Kraft treten.

1 ErläutRV: „§ 12 normiert eine Übergangsbestimmung, wobei bereits vor Inkrafttreten begonnene Eingriffe und auch in unmittelbarem Zusammenhang mit einem Eingriff stehende unbedingt erforderliche Nachbehandlungen von der Anwendung dieses Gesetzes ausgenommen werden. Damit soll gewährleistet werden, dass sowohl für die behandelnden Ärztinnen (Ärzte) als auch für die Patientinnen (Patienten) nicht in bestehende vertragliche Vereinbarungen eingegriffen wird.

Weiters werden Übergangsbestimmungen für Nachweisverfahren gemäß § 4 Abs. 3 Z 3 normiert.“

2 Gemäß § 13 trat das ÄsthOpG per 01.01.2013 in Kraft.

3 S. dazu oben Anm. 12 ff. zu § 4.

Inkrafttreten

§ 13. (1) Dieses Bundesgesetz tritt mit 1. Jänner 2013 in Kraft.

(2)[1] Das Inhaltsverzeichnis und § 2a samt Überschrift in der Fassung des 2. Materien-Datenschutz-Anpassungsgesetzes, BGBl. I Nr. 37/2018, treten mit 25. Mai 2018 in Kraft.

(3)[2] § 5 Abs. 3 und 4 sowie § 7 Abs. 3, 4 und 5 in der Fassung des Bundesgesetzes BGBl. I Nr. 59/ 2018 treten mit 1. Juli 2018 in Kraft.

1 „Zur Gewährleistung eines einheitlichen Datenschutzniveaus innerhalb der Mitgliedstaaten der Europäischen Union wurde auf europäischer Ebene ein neues Datenschutzregime eingeführt. Im Frühjahr 2016 beschlossen der Rat und das Parlament – die Verordnung (EU) 2016/679 zum Schutz natürlicher Personen bei der Verarbeitung personenbezogener Daten, zum freien Datenverkehr und zur Aufhebung der Richtlinie 95/46/EG (Datenschutz-Grundverordnung), ABl. Nr. L 119 vom 04.05.2016 S. 1, (kurz: DSGVO) und – die Richtlinie (EU) 2016/680 zum Schutz natürlicher Personen bei der Verarbeitung personenbezogener Daten durch die zuständigen Behörden zum Zwecke der Verhütung, Ermittlung, Aufdeckung oder Verfolgung von Straftaten oder der Strafvollstreckung sowie zum freien Datenverkehr und zur Aufhebung des Rahmenbeschlusses 2008/977/JI des Rates, ABl. Nr. L 119 vom 04.05.2016 S. 89 (kurz: Datenschutz-RL oder DS-RL). (...) Mit dem Datenschutz-Anpassungsgesetz 2018 erfolgt (...) die – bis Mai 2018 vorzunehmende – Umsetzung (...) in innerstaatliches Recht. Gemäß § 69 Abs. 8 DSG sind – im Rahmen der unionsrechtlichen Vorgaben – vom DSG abweichende Regelungen im Bereich des Datenschutzes in Bundes- und Landesgesetzen zulässig, welche sodann als leges speciales den allgemeinen Regelungen des DSG vorgehen. Zahlreiche Materiengesetze des Bundes enthalten Bestimmungen betreffend die Verarbeitung personenbezogener Daten durch die zuständigen Behörden zum Zwecke der Erfüllung ihrer Aufgaben. Die in diesen Bundesgesetzen geregelten Datenverarbeitungen haben ab dem 28.05.2018 den Anforderungen der DSGVO und der Datenschutz-RL zu genügen. Da das neue Datenschutzregime neue Begrifflichkeiten schafft, sind terminologische Anpassungen insbesondere in zahlreichen Gesetzesbestimmungen erforderlich. Solche bundesgesetzlichen Regelungen finden sich auf zahlreichen Sachgebieten und somit in den Wirkungsbereichen aller Bundesministerien" (ErläutRV 108 BlgNR. 26. GP./ Vorblatt, 1).

2 „Durch das 2. Erwachsenenschutz-Gesetz (2. ErwSchG), BGBl. I Nr. 59/2017, werden mit Wirkung 01.07.2018 Regelungen zur Förderung der Selbstbestimmung von Menschen, die auf Grund einer psychischen Krankheit oder einer vergleichbaren Beeinträchtigung in ihrer Entscheidungsfähigkeit eingeschränkt sind, geschaffen. Diese beinhalten insbesondere den Ausbau der Vertretungsmodelle und der Alternativen zur – ehemaligen – Sachwalterschaft, die Stärkung der Autonomie im Rechtsverkehr und in persönlichen Angelegenheiten und die entsprechenden terminologischen Anpassungen in den zivil- und zivilprozessrechtlichen Regelungen. Die derzeit geltenden Bestimmungen im Gesundheits-, Arbeitsrechts- und Sozialversicherungsbereich enthalten noch die bisherige zivilrechtliche Terminologie." Die gegenständliche Novelle verfolgt das Ziel der Verwirklichung von „rechtseinheitlichen Terminologien in Übereinstimmung mit dem neuen Erwachsenenschutzrecht" (ErläutRV 191 BlgNR. 26. GP./Vorblatt, 1).

Vollziehung[1]

§ 14.[2] Mit der Vollziehung dieses Bundesgesetzes ist die Bundesministerin für Gesundheit (der Bundesminister für Gesundheit)[3] betraut.

1 ErläutRV: „§ 14 legt die Zuständigkeit der Bundesministerin für Gesundheit (des Bundesministers für Gesundheit) für die Vollziehung fest."

2 Gemäß Art. 10 Abs. 1 Z 12 B-VG ist das Gesundheitswesen in Gesetzgebung und Vollziehung als Bundessache anzusprechen; s. zu den diesbezüglichen Ausnahmen im Überblick bei: *Hauser/Hense-Lintschnig* ua, Gesundheitsrecht[5] (2024) 21 f.

3 S. dazu Anlage zu § 2 BMG i.d.F. BGBl I 35/2012.

IV. Anhänge

Anhang 1: Ärztegesetz (Auszug)

Bundesgesetz über die Ausübung des ärztlichen Berufes und die Standesvertretung der Ärzte (Ärztegesetz 1998 – ÄrzteG 1998)

BGBl. I Nr. 169/1998 i.d.g.F.

Der Beruf des Arztes

§ 2:

(1) Der Arzt ist zur Ausübung der Medizin berufen.

(2) Die Ausübung des ärztlichen Berufes umfasst jede auf medizinisch-wissenschaftlichen Erkenntnissen begründete Tätigkeit, die unmittelbar am Menschen oder mittelbar für den Menschen ausgeführt wird, insbesondere

1. **die Untersuchung auf das Vorliegen oder Nichtvorliegen von körperlichen und psychischen Krankheiten oder Störungen, von Behinderungen oder Missbildungen und Anomalien, die krankhafter Natur sind;**
2. **die Beurteilung von in Z 1 angeführten Zuständen bei Verwendung medizinisch-diagnostischer Hilfsmittel;**
3. **die Behandlung solcher Zustände (Z 1);**
4. **die Vornahme operativer Eingriffe einschließlich der Entnahme oder Infusion von Blut;**
5. **die Vorbeugung von Erkrankungen;**
6. **die Geburtshilfe sowie die Anwendung von Maßnahmen der medizinischen Fortpflanzungshilfe;**

6a. **die Schmerztherapie und Palliativmedizin;**

7. **die Verordnung von Heilmitteln, Heilbehelfen und medizinisch diagnostischen Hilfsmitteln;**
8. **die Vornahme von Leichenöffnungen.**

(3) Jeder zur selbständigen Ausübung des Berufes berechtigte Arzt ist befugt, ärztliche Zeugnisse auszustellen und ärztliche Gutachten zu erstatten.

Selbständige Berufsausübung

§ 31:

(1) Ärzte, die die Erfordernisse für die Ausübung des ärztlichen Berufes als Arzt für Allgemeinmedizin oder als approbierter Arzt erfüllt haben, sind zur selbständigen Ausübung einer allgemeinärztlichen Berufstätigkeit als Arzt für Allgemeinmedizin oder als approbierter Arzt berechtigt, gleichgültig, ob diese Berufstätigkeit freiberuflich oder im Rahmen eines Dienstverhältnisses ausgeübt wird.

(2) Ärzte, die die Erfordernisse für die Ausübung des ärztlichen Berufes als Facharzt für ein Sonderfach der Heilkunde erfüllt haben, sind zur selbständigen Ausübung des ärztlichen Berufes als Facharzt auf diesem Teilgebiet der Heilkunde als Sonderfach berechtigt, gleichgültig, ob diese Berufstätigkeit freiberuflich oder im Rahmen eines Dienstverhältnisses ausgeübt wird.

(3) Fachärzte haben ihre fachärztliche Berufstätigkeit auf ihr Sonderfach zu beschränken. Dies gilt nicht für

1. Tätigkeiten als Arbeitsmediziner im Sinne des ArbeitnehmerInnenschutzgesetzes,
2. Fachärzte, die unter den Voraussetzungen des § 40 in organisierten Notarztdiensten (Notarztwagen bzw. Notarzthubschrauber) fächerüberschreitend tätig werden,
3. Fachärztinnen/Fachärzte der chirurgischen und internistischen Sonderfächer sowie der Sonderfächer Anästhesiologie und Intensivmedizin, Orthopädie und Traumatologie sowie Unfallchirurgie, sofern diese auf Grund krankenanstaltenrechtlicher Organisationsvorschriften im Rahmen sofortiger notfallmedizinischer Versorgung tätig werden und die notärztliche Qualifikation

gemäß § 40 erworben haben,

4. **Fachärzte in Ausbildung in einem Additivfach, sofern diese Ausbildung an einer für ein anderes Sonderfach anerkannten Ausbildungsstätte erfolgt, diese Ausbildungsstätte aber auch als Ausbildungsstätte für das angestrebte Additivfach anerkannt ist,**
5. **im Kontext epidemiologischer Situationen, insbesondere bei einer Pandemie, sofern der für das Gesundheitswesen zuständige Bundesminister diese Ausnahme von der Sonderfachbeschränkung zum Zweck der Sicherstellung der ärztlichen Versorgung der österreichischen Bevölkerung durch Verordnung zeitlich beschränkt angeordnet hat, sowie**
6. **im Hinblick auf die Durchführung von Impfungen.**

(4) Ärztinnen/Ärzte mit partiellem Berufszugang (§ 5a Abs. 1a) sind zur eingeschränkten Ausübung des ärztlichen Berufes berechtigt, gleichgültig, ob diese Berufstätigkeit freiberuflich oder im Rahmen eines Dienstverhältnisses ausgeübt wird. Sie haben ihre Berufstätigkeit auf diejenigen ärztlichen Tätigkeiten zu beschränken, die sie im Rahmen ihrer Ausbildung im Herkunftsmitgliedstaat erworben haben und zu denen sie im Herkunftsmitgliedstaat berufsberechtigt sind.

Anmerkungen:

1 Zur berufsrechtlichen Berechtigung, ästhetische Operationen durchzuführen; s. § 4 Abs. 3 ÄsthOpG.

2 Ärztinnen und Ärzte für Allgemeinmedizin dürfen bestimmte ästhetische Operationen nur dann durchführen, wenn sie auf Basis des ÄsthOpG über eine Berechtigung verfügen.

Dokumentationspflicht und Auskunftserteilung

§ 51:

(1) Der Arzt ist verpflichtet, Aufzeichnungen über jede zur Beratung oder Behandlung übernommene Person, insbesondere über den Zustand der Person bei Übernahme der Beratung oder Behandlung, die Vorgeschichte einer Erkrankung, die Diagnose, den Krankheitsverlauf sowie über Art und Umfang der beratenden, diagnostischen oder therapeutischen Leistungen einschließlich der Anwendung von Arzneispezialitäten und der zur Identifizierung dieser Arzneispezialitäten und der jeweiligen Chargen im Sinne des § 26 Abs. 8 des Arzneimittelgesetzes, erforderlichen Daten zu führen und hierüber der beratenen oder behandelten oder zu ihrer gesetzlichen Vertretung befugten Person alle Auskünfte zu erteilen. In Fällen eines Verdachts im Sinne des § 54 Abs. 4 sind Aufzeichnungen über die den Verdacht begründenden Wahrnehmungen zu führen. Der Arzt ist verpflichtet, dem Patienten Einsicht in die Dokumentation zu gewähren oder gegen Kostenersatz die Herstellung von Abschriften zu ermöglichen.

(1a) Ärztinnen/Ärzte sind verpflichtet, für die Diagnosendokumentation die von der/vom für das Gesundheitswesen zuständigen Bundesministerin/Bundesminister nach § 6g Z 1 des Bundesgesetzes über die Dokumentation im Gesundheitswesen verordnete Klassifikation anzuwenden.

(1b) Im Rahmen der Auskunftspflicht gemäß Abs. 1 hat der Arzt der zur Beratung oder Behandlung übernommenen oder zur ihrer gesetzlichen Vertretung befugten Person aus einem EU-Mitgliedstaat insbesondere eine klare Preisinformation über die von ihm zu erbringende ärztliche Leistung zur Verfügung zu stellen, sofern nicht eine direkte Abrechnung mit einem inländischen Träger der Sozialversicherung oder der Krankenfürsorge erfolgt. Nach erbrachter ärztlicher Leistung hat der Arzt eine Rechnung auszustellen. Der

Arzt hat sicherzustellen, dass in jedem Fall die dem Patienten im Sinne der Richtlinie 2011/24/EU gelegte Rechnung nach objektiven, nichtdiskriminierenden Kriterien erstellt wird.

(2) Ärzte sind zur automationsunterstützten Verarbeitung personenbezogener Daten gemäß Abs. 1 sowie zur Übermittlung dieser Daten

1. **an die Sozialversicherungsträger und Krankenfürsorgeanstalten in dem Umfang, als er für den Empfänger zur Wahrnehmung der ihm übertragenen Aufgaben eine wesentliche Voraussetzung bildet, sowie**
2. **an andere Ärzte oder medizinische Einrichtungen, in deren Behandlung der Kranke steht, mit Einwilligung des Kranken**

berechtigt.

(3) Die Aufzeichnungen sowie die sonstigen der Dokumentation im Sinne des Abs. 1 dienlichen Unterlagen sind mindestens zehn Jahre aufzubewahren.

(4) Der Kassenplanstellennachfolger, sofern ein solcher nicht gegeben ist der Ordinationsstättennachfolger, hat die Dokumentation von seinem Vorgänger zu übernehmen und für die der Aufbewahrungspflicht entsprechende Dauer aufzubewahren. Er darf sie nur mit Einwilligung des betroffenen Patienten zur Erbringung ärztlicher Leistungen verwenden. Bei Auflösung der Ordinationsstätte ohne ärztlichen Nachfolger ist die Dokumentation vom bisherigen Ordinationsstätteninhaber für die der Aufbewahrungspflicht entsprechende Dauer aufzubewahren. Gleiches gilt für die Tätigkeit als Wohnsitzarzt.

(5) Im Falle des Ablebens des bisherigen Ordinationsstätteninhabers oder des Wohnsitzarztes, sofern nicht Abs. 4 erster und zweiter Satz Anwendung findet, ist sein Erbe oder sonstiger Rechtsnachfolger unter Wahrung des Datenschutzes verpflichtet, die Dokumentation für die der Aufbewahrungspflicht entpre-

chende* Dauer gegen Kostenersatz dem Amt der zuständigen Landesregierung oder einem von diesem Amt benannten Dritten zu übermitteln. Im Falle automationsunterstützter Führung der Dokumentation ist diese, falls erforderlich, nach entsprechender Sicherung der Daten auf geeigneten Datenträgern zur Einhaltung der Aufbewahrungspflicht, unwiederbringlich zu löschen; dies gilt auch in allen anderen Fällen, insbesondere nach Ablauf der Aufbewahrungsfrist, in denen die Dokumentation nicht mehr weitergeführt wird.

Berufshaftpflichtversicherung

§ 52d:

(1) Eine freiberufliche ärztliche Tätigkeit darf erst nach Abschluss und Nachweis einer Berufshaftpflichtversicherung bei einem zum Geschäftsbetrieb in Österreich berechtigten Versicherer aufgenommen werden.

(2) Die Mindestversicherungssumme hat für jeden Versicherungsfall zur Deckung der aus der ärztlichen Berufsausübung entstehenden Schadenersatzansprüche 2 000 000 Euro zu betragen. Eine Haftungshöchstgrenze darf pro einjähriger Versicherungsperiode bei einer Gruppenpraxis in der Rechtsform einer Gesellschaft mit beschränkter Haftung das Fünffache der Mindestversicherungssumme, bei sonstiger freiberuflicher ärztlicher Tätigkeit das Dreifache der Mindestversicherungssumme nicht unterschreiten. Bei der Festlegung der Versicherungsbedingungen sind die fachspezifischen Prämien zu berücksichtigen.

(3) Bei einer Gruppenpraxis in Rechtsform einer Gesellschaft mit beschränkter Haftung hat die Versicherung auch Schadenersatzansprüche zu decken, die gegen einen Arzt auf Grund seiner Gesellschafterstellung bestehen. Besteht die Berufshaftpflichtversicherung

* Offenbar liegt ein Redaktionsfehler vor; richtig wohl: „entsprechende“.

nicht oder nicht im vorgeschriebenen Umfang, so haften neben der Gruppenpraxis in Rechtsform einer Gesellschaft mit beschränkter Haftung auch die Gesellschafter unabhängig davon, ob ihnen ein Verschulden vorzuwerfen ist, persönlich in Höhe des fehlenden Versicherungsschutzes.

(4) Die Versicherung ist während der gesamten Dauer der ärztlichen Berufsausübung aufrecht zu erhalten. Der Österreichischen Ärztekammer ist

1. im Zuge der Eintragung in die Ärzteliste der Abschluss sowie
2. jederzeit auf Verlangen das Bestehen

eines entsprechenden Versicherungsvertrags nachzuweisen. Die Versicherer sind verpflichtet, der Österreichischen Ärztekammer unaufgefordert und umgehend den Abschluss des Versicherungsvertrags sowie jeden Umstand, der eine Beendigung oder Einschränkung des Versicherungsschutzes oder eine Abweichung von der ursprünglichen Versicherungsbestätigung bedeutet oder bedeuten kann, zu melden. Die Versicherer sind verpflichtet, auf Verlangen der Österreichischen Ärztekammer über solche Umstände Auskunft zu erteilen.

(5) Der Ausschluss oder eine zeitliche Begrenzung der Nachhaftung des Versicherers sowie der Ausschluss von Personen, deren Handlungen oder Unterlassungen dem Versicherten zuzurechnen sind, sind unzulässig. Die Versicherer sind verpflichtet, der Österreichischen Ärztekammer unaufgefordert und umgehend jeden Umstand zu melden, der eine Beendigung oder Einschränkung des Versicherungsschutzes oder eine Abweichung von der ursprünglichen Versicherungsbestätigung bedeutet oder bedeuten kann, und auf Verlangen über solche Umstände Auskunft zu erteilen.

(6) Der geschädigte Dritte kann den ihm zustehenden Schadenersatzanspruch im Rahmen des betreffenden

Versicherungsvertrages auch gegen den Versicherer geltend machen. Der Versicherer und der ersatzpflichtige Versicherte haften als Gesamtschuldner.

(7) Der Versicherte und erforderlichenfalls die Österreichische Ärztekammer hat dem Patienten oder dessen gesetzlichen Vertreter auf Nachfrage Auskunft über die abgeschlossene Berufshaftpflichtversicherung (Abs. 1 bis 3), insbesondere den Versicherer, zu erteilen.

Werbebeschränkung und Provisionsverbot

§ 53:

(1) Der Arzt hat sich jeder unsachlichen, unwahren oder das Standesansehen beeinträchtigenden Information im Zusammenhang mit der Ausübung seines Berufes zu enthalten.

(2) Der Arzt darf keine Vergütungen für die Zuweisung von Kranken an ihn oder durch ihn sich oder einem anderen versprechen, geben, nehmen oder zusichern lassen. Rechtsgeschäfte, die gegen dieses Verbot verstoßen, sind nichtig. Leistungen aus solchen Rechtsgeschäften können zurückgefordert werden.

(3) Die Vornahme der gemäß Abs. 1 und 2 verbotenen Tätigkeiten ist auch Gruppenpraxen (§ 52a) und sonstigen physischen und juristischen Personen untersagt.

(4) Die Österreichische Ärztekammer kann nähere Vorschriften über die Art und Form der im Abs. 1 genannten Informationen erlassen.

Verschwiegenheits-, Anzeige- und Meldepflicht

§ 54:

(1) Die Ärztin/der Arzt und ihre/seine Hilfspersonen sind zur Verschwiegenheit über alle ihnen in Ausübung ihres Berufes anvertrauten oder bekannt gewordenen Geheimnisse verpflichtet.

(2) Die Verschwiegenheitspflicht besteht nicht, wenn

1. nach gesetzlichen Vorschriften eine Meldung der

Ärztin/des Arztes über den Gesundheitszustand bestimmter Personen vorgeschrieben ist,
2. Mitteilungen oder Befunde der Ärztin/des Arztes an die Sozialversicherungsträger und Krankenfürsorgeanstalten oder sonstigen Kostenträger in dem Umfang, als dies für die Empfängerin/den Empfänger zur Wahrnehmung der ihr/ihm übertragenen Aufgaben eine wesentliche Voraussetzung bildet, erforderlich sind,
3. die durch die Offenbarung des Geheimnisses bedrohte Person die Ärztin/den Arzt von der Geheimhaltung entbunden hat,
4. die Offenbarung des Geheimnisses nach Art und Inhalt zum Schutz höherwertiger Interessen
   a) der öffentlichen Gesundheitspflege,
   b) der Rechtspflege oder
   c) von einwilligungsunfähigen Patientinnen/ Patienten im Zusammenhang mit der Bereitstellung der für die Behandlungskontinuität unerlässlichen Eckdaten gegenüber den mit der Pflege betrauten Personen

   unbedingt erforderlich ist,
5. die Offenbarung des Geheimnisses gegenüber anderen Ärztinnen/Ärzten und Krankenanstalten zur Aufklärung eines Verdachts einer gerichtlich strafbaren Handlung gemäß Abs. 4 Z 2 und zum Wohl der Kinder oder Jugendlichen erforderlich ist,
6. die Ärztin/der Arzt der Anzeigepflicht gemäß Abs. 4 oder der Mitteilungspflicht gemäß § 37 Bundes-Kinder- und Jugendhilfegesetz 2013 (B-KJHG 2013), BGBl. I Nr. 69/2013, nachkommt.

(3) Die Verschwiegenheitspflicht besteht auch insoweit nicht, als die für die Honorar- oder Medikamentenabrechnung gegenüber den Krankenversicherungsträgern, Krankenanstalten, sonstigen Kostenträgern oder Patienten erforderlichen Unterlagen zum Zweck der

Abrechnung, auch im automationsunterstützten Verfahren, Auftragsverarbeitern gemäß Art. 4 Z 8 Datenschutz-Grundverordnung überlassen werden. Eine allfällige Speicherung darf nur so erfolgen, dass Betroffene weder bestimmt werden können noch mit hoher Wahrscheinlichkeit bestimmbar sind. Diese Daten sind ausschließlich mit Zustimmung des Verantwortlichen gemäß Art. 4 Z 7 Datenschutz-Grundverordnung an die zuständige Ärztekammer über deren Verlangen weiterzugeben.

(4) Die Ärztin/der Arzt ist zur Anzeige an die Kriminalpolizei oder die Staatsanwaltschaft verpflichtet, wenn sich in Ausübung der beruflichen Tätigkeit der begründete Verdacht ergibt, dass durch eine gerichtlich strafbare Handlung

1. der Tod, eine schwere Körperverletzung oder eine Vergewaltigung herbeigeführt wurde oder
2. Kinder oder Jugendliche misshandelt, gequält, vernachlässigt oder sexuell missbraucht werden oder worden sind oder
3. nicht handlungs- oder entscheidungsfähige oder wegen Gebrechlichkeit, Krankheit oder einer geistigen Behinderung wehrlose Volljährige misshandelt, gequält, vernachlässigt oder sexuell missbraucht werden oder worden sind.

(5) Eine Pflicht zur Anzeige nach Abs. 4 besteht nicht, wenn

1. die Anzeige dem ausdrücklichen Willen der volljährigen handlungs- oder entscheidungsfähigen Patientin/des volljährigen handlungs- oder entscheidungsfähigen Patienten widersprechen würde, sofern keine unmittelbare Gefahr für diese/diesen oder eine andere Person besteht und die klinisch-forensischen Spuren ärztlich gesichert sind, oder
2. die Anzeige im konkreten Fall die berufliche Tätigkeit beeinträchtigen würde, deren Wirksam-

keit eines persönlichen Vertrauensverhältnisses bedarf, sofern nicht eine unmittelbare Gefahr für diese oder eine andere Person besteht, oder
3. die Ärztin/der Arzt, die ihre/der seine berufliche Tätigkeit im Dienstverhältnis ausübt, eine entsprechende Meldung an den Dienstgeber erstattet hat und durch diesen eine Anzeige an die Kriminalpolizei oder die Staatsanwaltschaft erfolgt ist.

(6) Weiters kann in Fällen des Abs. 4 Z 2 die Anzeige unterbleiben, wenn sich der Verdacht gegen einen Angehörigen (§ 72 StGB) richtet, sofern dies das Wohl des Kindes oder Jugendlichen erfordert und eine Mitteilung an die Kinder- und Jugendhilfeträger und gegebenenfalls eine Einbeziehung einer Kinderschutzeinrichtung an einer Krankenanstalt erfolgt. In den Fällen einer vorsätzlich begangenen schweren Körperverletzung hat die Ärztin/der Arzt auf bestehende Opferschutzeinrichtungen hinzuweisen.

Durchsetzung von Schadenersatzansprüchen

§ 58a:

(1) Hat eine Person, die behauptet, durch Verschulden einer Ärztin/eines Arztes bei deren/dessen Beratung, Untersuchung oder Behandlung geschädigt worden zu sein, schriftlich eine Schadenersatzforderung erhoben, so ist der Fortlauf der Verjährungsfrist von dem Tag, an welchem

1. die bezeichnete Schädigerin/der bezeichnete Schädiger oder
2. ihre/seine bevollmächtigte Vertreterin oder ihr/sein bevollmächtigter Vertreter oder
3. ihr/sein Haftpflichtversicherer oder
4. der Rechtsträger jener Krankenanstalt, in welcher die genannte Ärztin/der genannte Arzt tätig war,

schriftlich erklärt hat, zur Verhandlung über eine

außergerichtliche Regelung der Angelegenheit bereit zu sein, gehemmt.

(2) Wenn eine Patientenanwältin/ein Patientenanwalt oder eine ärztliche Schlichtungsstelle von der angeblich Geschädigten/vom angeblich Geschädigten oder von der angeblichen Schädigerin/vom angeblichen Schädiger oder von einer ihrer bevollmächtigten Vertreterinnen/einem ihrer bevollmächtigten Vertreter schriftlich um Vermittlung ersucht wird, so ist der Fortlauf der Verjährungsfrist von dem Tag an, an welchem dieses Ersuchen bei der Patientenanwältin/beim Patientenanwalt oder bei der ärztlichen Schlichtungsstelle einlangt, gehemmt.

(3) Die Hemmung des Fortlaufs der Verjährungsfrist endet mit dem Tag, an welchem

1. die angeblich Geschädigte/der angeblich Geschädigte oder die bezeichnete Schädigerin/der bezeichnete Schädiger oder eine ihrer bevollmächtigten Vertreterinnen/einer ihrer bevollmächtigten Vertreter oder
2. die angerufene Patientenanwältin/der angerufene Patientenanwalt oder die befasste ärztliche Schlichtungsstelle

schriftlich erklärt hat, dass sie/er die Vergleichsverhandlungen als gescheitert ansieht, spätestens aber 18 Monate nach Beginn des Laufes dieser Hemmungsfrist.

(4) Für den Fall des Bestehens einer Haftpflichtversicherung begründet die Mitwirkung der ersatzpflichtigen Versicherungsnehmerin/des ersatzpflichtigen Versicherungsnehmers an der objektiven Sachverhaltsfeststellung keine Obliegenheitsverletzung, die zur Leistungsfreiheit des Versicherers führt.

Übertragener Wirkungsbereich

§ 117c:

(1) Die Österreichische Ärztekammer hat im übertragenen Wirkungsbereich folgende Aufgaben wahrzunehmen:

(Anm.: Z 1 ist per 31.12.2022 außer Kraft getreten.)

2. **Führung der Ausbildungsstellenverwaltung gemäß § 13a sowie der Ausbildungsstättenverzeichnisse gemäß § 9 Abs. 9, § 10 Abs. 11, § 11a Abs. 2, § 12 Abs. 1, § 12a Abs. 1 und § 13 Abs. 1,**
3. **elektronische Zurverfügungstellung der in § 27a und § 27b aufgelisteten Daten aus der Ärzteliste und der Ausbildungsstellenverwaltung gemäß § 13a für die Landeshauptfrauen/Landeshauptmänner, die Landesregierungen und Landesgesundheitsfonds sowie den für das Gesundheitswesen zuständigen Bundesminister,**
4. **Qualitätssicherung der ärztlichen Berufsausübung ausgenommen im Bereich der Fortbildung, im Hinblick auf überwiegende Interessen der Allgemeinheit durch**
   a) **Erarbeitung und Durchführung qualitätssichernder Maßnahmen zur Hebung der Struktur-, Prozess- und Ergebnisqualität, insbesondere zur Wahrnehmung der Ergebnisqualitätsmessung und -sicherung im niedergelassenen Bereich gemäß § 7 Gesundheits-Zielsteuerungsgesetz (G-ZG), BGBl. I Nr. 81/2013,**
   b) **Qualitätsevaluierung mit Ausnahme der Selbstevaluierung gemäß § 49 Abs. 2a,**
   c) **Qualitätskontrolle sowie**
   d) **Führung eines Qualitätsregisters.**

   Bei der Aufgabenerfüllung kann sich die Österreichische Ärztekammer hilfsweise der ÖQMed bedienen;
5. **Durchführung von Verfahren gemäß § 4 Abs. 3 Z 3 ÄsthOpG,**

6. **Führung der Ärzteliste sowie Durchführung sämtlicher mit der Ärzteliste und der Berufsberechtigung im Zusammenhang stehender Verfahren einschließlich Besorgung diesbezüglicher Verwaltungsangelegenheiten gemäß den §§ 4 bis 5a, 14, 15, 27 bis 30, 34 bis 37, 39 Abs. 2, 47, 52c, 59, 62 und 63,**
7. **laufende elektronische Übermittlung der gemäß dem Gesundheitstelematikgesetz 2012 (GTelG 2012), BGBl. I Nr. 111/2012, erforderlichen Daten aus der Ärzteliste an die Bundesministerin/den Bundesminister für Soziales, Gesundheit, Pflege und Konsumentenschutz,**
8. **die Anerkennung von notärztlichen Lehrgängen (§ 40 Abs. 2 Z 2) und Weiterbildungslehrgängen (§ 40a Abs. 1) sowie die Ausstellung und Einziehung von notärztlichen Diplomen (§ 40 Abs. 6 und § 40a Abs. 2 jeweils in Verbindung mit § 15 Abs. 1 und 5) sowie**
9. **Mitwirkung am Definitionenhandbuch für die ärztliche Aus- und Weiterbildung gemäß § 13d.**

(Anm.: Abs. 1a ist per 31.12.2022 außer Kraft getreten.)

(2) Im übertragenen Wirkungsbereich obliegt der Österreichischen Ärztekammer die Erlassung nachfolgender Verordnungen:

1. **Verordnung über die Einhebung von Bearbeitungsgebühren (§ 13b Z 2),**

(Anm.: Z 1a ist per 31.12.2022 außer Kraft getreten.)

2. **Verordnung über die für Basisausbildung sowie für die Fachgebiete in der Ausbildung zum Arzt für Allgemeinmedizin, für die jeweilige Sonderfach-Grundausbildung und die jeweilige Sonderfach-Schwerpunktausbildung erforderlichen Kenntnisse, Erfahrungen und Fertigkeiten (§ 24 Abs. 2),**
3. **Verordnung über den Lehr- und Lernzielkatalog (§ 25),**

4. Verordnung über die Ausgestaltung und Form einschließlich der Einführung von Ausbildungsbüchern als integrative Bestandteile der Rasterzeugnisse und über die Ausgestaltung der Prüfungszertifikate (§ 26),

5. Ärzteliste-Verordnung (§ 29 Abs. 3) hinsichtlich Personen mit Bewilligungen gemäß § 35 und Dienstleistungserbringer gemäß § 37,

6. Verordnung über die Eignungsprüfung gemäß § 37 Abs. 11,

7. Verordnung über die Ausgestaltung der ärztlichen Berufspflichten, insbesondere der Aufklärungs- und Dokumentationspflicht,

(Anm.: Z 8 ist durch Art. 5 Z 21, BGBl. I Nr. 191/2023 aufgehoben worden.)

(Anm.: Z 9 ist durch Z 64, BGBl. I Nr. 17/2023 aufgehoben worden.)

10. Verordnung über Qualifikationen und einen Operationspass für ästhetische Operationen (§ 4 Abs. 5 und § 9 ÄsthOpG),

11. Verordnung über die Prüfung ausreichender Kenntnisse der deutschen Sprache (§ 4 Abs. 3a),

12. Verordnung über die Spezialisierungen gemäß § 11a sowie

13. Notärztinnen/Notärzte-Verordnung (§ 40b).

(3) Über Beschwerden gegen Bescheide in den Verfahren gemäß Abs. 1 entscheidet das Bundesverwaltungsgericht.

Anmerkung:

Die Bestimmung des § 117c Ärztegesetz tritt mit 31.05.2026 außer Kraft.

Anhang 2: Zahnärztegesetz (Auszug)

Bundesgesetz über die Ausübung des zahnärztlichen Berufs und des Dentistenberufs (Zahnärztegesetz – ZÄG)

BGBl. I Nr. 126/2005 i.d.g.F.

Der zahnärztliche Beruf. Berufsbild und Tätigkeitsbereich

§ 4:

(1) Angehörige des zahnärztlichen Berufs sind zur Ausübung der Zahnmedizin berufen.

(2) Der zahnärztliche Beruf umfasst jede auf zahnmedizinisch-wissenschaftlichen Erkenntnissen begründete Tätigkeit einschließlich komplementär- und alternativmedizinischer Heilverfahren, die unmittelbar am Menschen oder mittelbar für den Menschen ausgeführt wird.

(3) Der Angehörigen des zahnärztlichen Berufs vorbehaltene Tätigkeitsbereich umfasst insbesondere

1. **die Untersuchung auf das Vorliegen oder Nichtvorliegen von Krankheiten und Anomalien der Zähne, des Mundes und der Kiefer einschließlich der dazugehörigen Gewebe,**
2. **die Beurteilung von den in Z 1 angeführten Zuständen bei Verwendung zahnmedizinisch-diagnostischer Hilfsmittel,**
3. **die Behandlung von den in Z 1 angeführten Zuständen,**
4. **die Vornahme operativer Eingriffe im Zusammenhang mit den in Z 1 angeführten Zuständen,**

4a. **die Vornahme von kosmetischen und ästhetischen Eingriffen an den Zähnen, sofern diese eine zahnärztliche Untersuchung und Diagnose erfordern,**

5. die Verordnung von Heilmitteln, Heilbehelfen und zahnmedizinisch-diagnostischen Hilfsmitteln im Zusammenhang mit den in Z 1 angeführten Zuständen,
6. die Vorbeugung von Erkrankungen der Zähne, des Mundes und der Kiefer einschließlich der dazugehörigen Gewebe und
7. die Ausstellung von zahnärztlichen Bestätigungen und die Erstellung von zahnärztlichen Gutachten.

(4) Darüber hinaus umfasst der Tätigkeitsbereich des zahnärztlichen Berufs

1. die Herstellung von Zahnersatzstücken für den Gebrauch im Mund,
2. die Durchführung von technisch-mechanischen Arbeiten zwecks Ausbesserung von Zahnersatzstücken und
3. die Herstellung von künstlichen Zähnen und sonstigen Bestandteilen von Zahnersatzstücken

für jene Personen, die von dem/der Angehörigen des zahnärztlichen Berufs behandelt werden.

(5) Für Berufsangehörige mit partiellem Berufszugang ist der Tätigkeitsbereich auf diejenigen zahnärztlichen Tätigkeiten beschränkt, zu denen sie im Rahmen ihrer Ausbildung im Herkunftsmitgliedstaat befähigt und im Rahmen der Anerkennung gemäß § 9 Abs. 1a berechtigt wurden.

Anmerkungen:

1 Gemäß § 1 Abs. 4 ÄsthOpG ist das ÄsthOpG auf Tätigkeiten, für die das Zahnärztegesetz gilt, nicht anzuwenden.

2 Zahnbleaching (Zahnaufhellung): Der OGH (22.10.2013, 4 Ob 166/13k) hatte in einem lauterkeitsrechtlichen Verfahren zu prüfen, ob das beanstandete Verhalten der Beklagten auf einer unvertretbaren Auslegung von § 4 Abs. 3 Z 4a ZÄG beruhte. Danach gehört zum zahnärztlichen Vorbehaltsbereich insbesondere „die Vornahme von kosmetischen und ästhetischen Eingriffen an den Zähnen, sofern diese eine zahnärztliche Untersuchung und

Diagnose erfordern". Im vorliegenden Fall ergibt sich aus der Website der Beklagten, dass bei der Behandlung eine „photochemische Reaktion" stattfindet und die Behandlung u.a. bei Erkrankungen des Zahnfleisches und bei unbehandeltem Karies nicht durchgeführt werden darf. Damit ist der Tatbestand von § 4 Abs. 3 Z 4a ZÄG in einer jeden Zweifel ausschließenden Weise erfüllt: Zum einen geht eine photochemische Reaktion (also eine durch Licht initiierte chemische Reaktion) über die von der Beklagten behauptete Anwendung eines Mundpflegemittels hinaus und ist daher jedenfalls als „Eingriff" iSv § 4 Abs. 3 Z 4a ZÄG zu werten. Dass das von der Beklagten verwendete Mittel – anders als Wasserstoffperoxyd – als solches unbedenklich sein mag, kann daran nichts ändern. Zum anderen ist die Behandlung nach den Angaben der Beklagten ausgeschlossen, wenn bestimmte – und zwar durchaus häufige – Krankheiten im Mundbereich (Zahnfleischerkrankungen, Karies) vorliegen. Daraus ist zwingend abzuleiten, dass auch nach Auffassung der Beklagten vor einer Behandlung abgeklärt werden muss, ob diese Krankheiten vorliegen. Die Behandlung erfordert daher eine vorherige Untersuchung und Diagnose.

Anhang 3: ABGB (Auszug)

Allgemeines bürgerliches Gesetzbuch

JGS Nr. 946/1811 i.d.g.F.

§ 137:

(1) Eltern und Kinder haben einander beizustehen und mit Achtung zu begegnen. Die Rechte und Pflichten des Vaters und der Mutter sind, soweit nicht anderes bestimmt ist, gleich.

(2) Eltern haben das Wohl ihrer minderjährigen Kinder zu fördern, ihnen Fürsorge, Geborgenheit und eine sorgfältige Erziehung zu gewähren. Die Anwendung jeglicher Gewalt und die Zufügung körperlichen oder seelischen Leides sind unzulässig. Soweit tunlich und möglich sollen die Eltern die Obsorge einvernehmlich wahrnehmen.

§ 173:

(1) Einwilligungen in medizinische Behandlungen kann das entscheidungsfähige Kind nur selbst erteilen; im Zweifel wird das Vorliegen dieser Entscheidungsfähigkeit bei mündigen Minderjährigen vermutet. Mangelt es an der notwendigen Entscheidungsfähigkeit, so ist die Zustimmung der Person erforderlich, die mit der gesetzlichen Vertretung bei Pflege und Erziehung betraut ist.

(2) Willigt ein entscheidungsfähiges minderjähriges Kind in eine Behandlung ein, die gewöhnlich mit einer schweren oder nachhaltigen Beeinträchtigung der körperlichen Unversehrtheit oder der Persönlichkeit verbunden ist, so darf die Behandlung nur vorgenommen werden, wenn auch die Person zustimmt, die mit der gesetzlichen Vertretung bei Pflege und Erziehung betraut ist.

(3) Die Einwilligung des entscheidungsfähigen Kindes sowie die Zustimmung der Person, die mit Pflege

und Erziehung betraut ist, sind nicht erforderlich, wenn die Behandlung so dringend notwendig ist, dass der mit der Einholung der Einwilligung oder der Zustimmung verbundene Aufschub das Leben des Kindes gefährden würde oder mit der Gefahr einer schweren Schädigung der Gesundheit verbunden wäre.

Anmerkungen:

1 § 173 ABGB normiert die Erfordernisse für die Einwilligung in die medizinische Behandlung von Kindern und Jugendlichen.

2 § 173 ABGB liegt in der Fassung des 2. Erwachsenenschutz-Gesetzes (BGBl. I 59/2017; kurz: 2. ErwSchG) vor.

3 Die Änderungen betrafen den Begriff „einsichts- und urteilsfähig", der durch den Begriff „entscheidungsfähig" ersetzt wurde.

4 Der Begriff der „Einsichts- und Urteilsfähigkeit" fand mit dem KindRÄG 2001 (im Zusammenhang mit der Regelung der medizinischen Behandlung Minderjähriger – jetzt § 173 ABGB) Eingang in das ABGB. Grund für die Übernahme dieses Begriffs aus anderen Rechtsmaterien (etwa § 36 UbG) war die Überlegung, dass es für rechtserhebliche Willenserklärungen im Bereich der höchstpersönlichen Rechte nicht auf die starren Grenzen der Geschäftsfähigkeit ankommen soll. Vor dem 2. ErwSchG wurde allerdings im ABGB nirgends definiert, an welchen Kriterien die Einsichts- und Urteilsfähigkeit zu messen ist. Um zu verdeutlichen, welche Fähigkeit im Tatsächlichen für rechtserhebliches Verhalten mindestens erforderlich ist, soll diese Fähigkeit nunmehr – an vorderer Stelle im ABGB – umschrieben werden und zukünftig „Entscheidungsfähigkeit" heißen. Der neue Begriff ist kürzer und prägnanter und verdeutlicht, dass es sich um eine neue, umfassende Regelung handelt (222/ME 15. GP, 9).

5 § 173 ABGB ist lex generalis zur lex specialis des § 7 ÄsthOpG und findet Anwendung bei ästhetischen Operationen und ästhetischen Behandlungen mit einer medizinischen Indikation.

6 Zum Begriff der medizinischen Indikation s. § 3 Abs. 1 Z 4 ÄsthOpG.

7 Zumindest analog anwendbar ist § 173 ABGB auf Tätowieren und Piercen (*Beig*, Tätowieren und Piercings Minderjähriger im österreichischen Recht, EF-Z 2009, 86; *Weitzenböck*, in: *Schwi-*

mann/Neumayr [Hg.], ABGB. Taschenkommentar[5] [2021] Anm. 3 zu § 173).

Medizinische Behandlung

a) entscheidungsfähiger Personen

§ 252:

(1) In eine medizinische Behandlung kann eine volljährige Person, soweit sie entscheidungsfähig ist, nur selbst einwilligen. Eine medizinische Behandlung ist eine von einem Arzt oder auf seine Anordnung hin vorgenommene diagnostische, therapeutische, rehabilitative, krankheitsvorbeugende oder geburtshilfliche Maßnahme an der volljährigen Person. Auf diagnostische, therapeutische, rehabilitative, krankheitsvorbeugende, pflegerische oder geburtshilfliche Maßnahmen von Angehörigen anderer gesetzlich geregelter Gesundheitsberufe sind die §§ 252 bis 254 sinngemäß anzuwenden.

(2) Hält der Arzt eine volljährige Person für nicht entscheidungsfähig, so hat er sich nachweislich um die Beiziehung von Angehörigen, anderen nahe stehenden Personen, Vertrauenspersonen und im Umgang mit Menschen in solchen schwierigen Lebenslagen besonders geübten Fachleuten zu bemühen, die die volljährige Person dabei unterstützen können, ihre Entscheidungsfähigkeit zu erlangen. Soweit sie aber zu erkennen gibt, dass sie mit der beabsichtigten Beiziehung anderer und der Weitergabe von medizinischen Informationen nicht einverstanden ist, hat der Arzt dies zu unterlassen.

(3) Kann durch Unterstützung im Sinn des Abs. 2 die Entscheidungsfähigkeit der volljährigen Person hergestellt werden, so ist ihre Einwilligung in die medizinische Behandlung ausreichend, andernfalls ist nach § 253 vorzugehen.

(4) Von einer Aufklärung der von der Behandlung

betroffenen Person oder ihrer Unterstützung im Sinn des Abs. 2 ist abzusehen, wenn mit der damit einhergehenden Verzögerung eine Gefährdung des Lebens, die Gefahr einer schweren Schädigung der Gesundheit oder starke Schmerzen verbunden wären.

b) nicht entscheidungsfähiger Personen

§ 253:

(1) Eine medizinische Behandlung an einer volljährigen Person, die nicht entscheidungsfähig ist, bedarf der Zustimmung ihres Vorsorgebevollmächtigten oder Erwachsenenvertreters, dessen Wirkungsbereich diese Angelegenheit umfasst. Er hat sich dabei vom Willen der vertretenen Person leiten zu lassen. Im Zweifel ist davon auszugehen, dass diese eine medizinisch indizierte Behandlung wünscht.

(2) Der Grund und die Bedeutung der medizinischen Behandlung sind auch einer im Behandlungszeitpunkt nicht entscheidungsfähigen Person zu erläutern, soweit dies möglich und ihrem Wohl nicht abträglich ist.

(3) Die Zustimmung des Vorsorgebevollmächtigten oder Erwachsenenvertreters ist nicht erforderlich, wenn mit der damit einhergehenden Verzögerung eine Gefährdung des Lebens, die Gefahr einer schweren Schädigung der Gesundheit oder starke Schmerzen verbunden wären. Dauert die medizinische Behandlung voraussichtlich auch nach Abwendung dieser Gefahrenmomente noch an, so ist sie zu beginnen und unverzüglich die Zustimmung des Vertreters zur weiteren Behandlung einzuholen bzw. das Gericht zur Bestellung eines Vertreters oder zur Erweiterung seines Wirkungsbereichs anzurufen.

(4) Hat die im Behandlungszeitpunkt nicht entscheidungsfähige Person die medizinische Behandlung in einer verbindlichen Patientenverfügung abgelehnt und gibt es keine Hinweise auf die Unwirksamkeit der

Patientenverfügung, so muss die Behandlung ohne Befassung eines Vertreters unterbleiben.

§ 254:

(1) Gibt eine nicht entscheidungsfähige Person ihrem Vorsorgebevollmächtigten oder Erwachsenenvertreter oder dem Arzt gegenüber zu erkennen, dass sie die medizinische Behandlung oder deren Fortsetzung ablehnt, so bedarf die Zustimmung des Vorsorgebevollmächtigten oder Erwachsenenvertreters zur Behandlung der Genehmigung des Gerichts.

(2) Wenn der Vorsorgebevollmächtigte oder Erwachsenenvertreter der Behandlung einer nicht entscheidungsfähigen Person oder ihrer Fortsetzung nicht zustimmt und dadurch dem Willen der vertretenen Person nicht entspricht, so kann das Gericht die Zustimmung des Vertreters ersetzen oder einen anderen Vertreter bestellen. Im Zweifel ist davon auszugehen, dass die vertretene Person eine medizinisch indizierte Behandlung wünscht.

(3) Die Genehmigung oder Ersetzung der Zustimmung durch das Gericht oder die Bestellung eines anderen Vertreters ist nicht erforderlich, wenn mit der mit solchen Gerichtsverfahren einhergehenden Verzögerung eine Gefährdung des Lebens, die Gefahr einer schweren Schädigung der Gesundheit oder starke Schmerzen verbunden wären. Dauert die medizinische Behandlung voraussichtlich auch nach Abwendung dieser Gefahrenmomente noch an, so ist sie zu beginnen und unverzüglich das Gericht anzurufen.

Anmerkungen:

1 Die §§ 252 bis 254 ABGB regeln die medizinische Heilbehandlung volljähriger Personen.

2 Kosmetik: Kosmetikerinnen und Kosmetiker unterliegen nicht den Bestimmungen der §§ 252-254 ABGB (ErläutRV 1461 BlgNR 25. GP, 30).

Anhang 4: StGB (Auszug)

Bundesgesetz vom 23. Jänner 1974 über die mit gerichtlicher Strafe bedrohten Handlungen (Strafgesetzbuch – StGB)

BGBl. Nr. 60/1974 i.d.g.F.

Körperverletzung mit schweren Dauerfolgen

§ 85:

(1) Wer einen anderen am Körper misshandelt und dadurch fahrlässig für immer oder für lange Zeit

1. den Verlust oder eine schwere Schädigung der Sprache, des Sehvermögens, des Gehörs oder der Fortpflanzungsfähigkeit,

2. eine erhebliche Verstümmelung oder eine auffallende Verunstaltung,

2a. eine Verstümmelung oder sonstige Verletzung der Genitalien, die geeignet ist, eine nachhaltige Beeinträchtigung des sexuellen Empfindens herbeizuführen, oder

3. ein schweres Leiden, Siechtum oder Berufsunfähigkeit des Geschädigten,

herbeiführt, ist mit Freiheitsstrafe von sechs Monaten bis zu fünf Jahren zu bestrafen.

(2) Mit Freiheitsstrafe von einem bis zu zehn Jahren ist zu bestrafen, wer einen anderen am Körper verletzt oder an der Gesundheit schädigt und dadurch, wenn auch nur fahrlässig, eine schwere Dauerfolge (Abs. 1) beim Verletzten herbeiführt.

Anmerkungen:

1 § 85 StGB liegt in der Fassung des Gewaltschutzgesetzes 2019, BGBl. I 105/2019 vor.

2 Eingefügt wurde die Legaldefinition der Genitalverstümmelung.

Einwilligung des Verletzten

§ 90:

(1) Eine Körperverletzung oder Gefährdung der körperlichen Sicherheit ist nicht rechtswidrig, wenn der Verletzte oder Gefährdete in sie einwilligt und die Verletzung oder Gefährdung als solche nicht gegen die guten Sitten verstößt.

(2) Die von einem Arzt an einer Person mit deren Einwilligung vorgenommene Sterilisation ist nicht rechtswidrig, wenn entweder die Person bereits das fünfundzwanzigste Lebensjahr vollendet hat oder der Eingriff aus anderen Gründen nicht gegen die guten Sitten verstößt.

(3) In eine Genitalverstümmelung (§ 85 Abs. 1 Z 2a) kann nicht eingewilligt werden.

Anmerkungen:

1 § 90 StGB betrifft körperliche Eingriffe, die nicht medizinisch indiziert sind.

2 § 90 StGB liegt in der Fassung des Gewaltschutzgesetzes 2019, BGBl. I 105/2019 vor.

3 In Abs. 3 wurde die Wendung „Verstümmelung oder sonstige Verletzung der Genitalien, die geeignet ist, eine nachhaltige Beeinträchtigung des sexuellen Empfindens herbeizuführen“ durch die Wendung „Genitalverstümmelung (§ 85 Abs. 1 Z 2a)“ ersetzt. Dieser Verweis auf § 85 Abs. 1 Z 2a bringt die ersetzte Definition der Genitalverstümmelung wieder hervor: Eine Verstümmelung oder sonstige Verletzung der Genitalien, die geeignet ist, eine nachhaltige Beeinträchtigung des sexuellen Empfindens herbeizuführen.

4 Vom Verbot nicht erfasst sind etwa Beschneidungen des männlichen Glieds aus medizinischen Gründen, etwa wegen Vorhautverengung (*Staffe-Hanacek/Weitzenböck*, Kinder- und Jugendhilferecht [2015] Anm. 6 zu § 173 ABGB).

5 Gerechtfertigt durch Zustimmung sind Piercings aller Art (auch an den Genitalien; *Bertel/Schwaighofer/Venier*, Österreichisches Strafrecht, Besonderer Teil I[16] [2023] Anm. 5 zu § 90 StGB), weil diese „sonstige Verletzung der Genitalien“ nicht geeignet ist, eine nachhaltige Beeinträchtigung des sexuellen Empfindens herbeizuführen.

Anhang 5: ASVG (Auszug)

Bundesgesetz vom 9. September 1955 über die Allgemeine Sozialversicherung (Allgemeines Sozialversicherungsgesetz – ASVG)

BGBl. Nr. 189/1955 i.d.g.F.

Umfang der Krankenbehandlung

§ 133:

(1) Die Krankenbehandlung umfasst:

1. ärztliche Hilfe;

2. Heilmittel;

3. Heilbehelfe.

(2) Die Krankenbehandlung muss ausreichend und zweckmäßig sein, sie darf jedoch das Maß des Notwendigen nicht überschreiten. Durch die Krankenbehandlung sollen die Gesundheit, die Arbeitsfähigkeit und die Fähigkeit, für die lebenswichtigen persönlichen Bedürfnisse zu sorgen, nach Möglichkeit wiederhergestellt, gefestigt oder gebessert werden. Die Leistungen der Krankenbehandlung werden, soweit in diesem Bundesgesetz nichts anderes bestimmt wird, als Sachleistungen erbracht.

(3) Kosmetische Behandlungen gelten als Krankenbehandlung, wenn sie zur Beseitigung anatomischer oder funktioneller Krankheitszustände dienen. Andere kosmetische Behandlungen können als freiwillige Leistungen gewährt werden, wenn sie der vollen Wiederherstellung der Arbeitsfähigkeit förderlich oder aus Berufsgründen notwendig sind. Als Leistung der Krankenbehandlung gilt auch die Übernahme der für eine Organtransplantation notwendigen Anmelde- und Registrierungskosten bei einer Organbank.

(4) Für Angehörige, die sonst einen gesetzlichen Anspruch auf Krankenbehandlung haben, besteht kein Anspruch auf die Leistungen der Krankenbehandlung

nach diesem Bundesgesetz.

(5) Befindet sich ein Versicherter (Angehöriger) in Anstaltspflege, so besteht für diese Zeit kein Anspruch auf Leistungen der Krankenbehandlung, soweit die entsprechenden Leistungen nach dem Bundesgesetz über Krankenanstalten und Kuranstalten, im Rahmen der Anstaltspflege zu gewähren sind.

Anmerkungen:

1 Eine Gleichstellung kosmetischer Behandlung mit einer Krankenbehandlung als sozialversicherungsrechtliche Pflichtleistung nimmt das Gesetz nur in Ansehung solcher „Krankheitszustände" (anatomischer oder funktioneller Art) vor, die beseitigbar sind (RIS Justiz RS0083825).

2 Soweit bei einem Venenleiden, die Verödungstherapie, nicht der Behandlung, sondern bloß der Verbesserung der äußeren Erscheinung dient, besteht kein Anspruch auf Kostenzuschuss (RIS Justiz RS0083826).

3 Bloß der Verschönerung und allenfalls auch nur unwesentlichen Funktionsverbesserung dienende kosmetische Behandlungen gelten nicht als Krankenbehandlung im Sinne des ersten Satzes des § 133 Abs. 3 ASVG (RIS Justiz RS0083827).

Anhang 6: BSVG (Auszug)

Bundesgesetz vom 11. Oktober 1978 über die Sozialversicherung der in der Land- und Forstwirtschaft selbständig Erwerbstätigen (Bauern-Sozialversicherungsgesetz – BSVG)

BGBl. Nr. 559/1978 i.d.g.F.

Krankenbehandlung

§ 83:

(1) Die Krankenbehandlung umfasst:

1. ärztliche Hilfe;
2. Heilmittel;
3. Heilbehelfe.

(2) Die Krankenbehandlung muss ausreichend und zweckmäßig sein, sie darf jedoch das Maß des Notwendigen nicht überschreiten. Durch die Krankenbehandlung sollen die Gesundheit, die Arbeitsfähigkeit und die Fähigkeit für die lebenswichtigen persönlichen Bedürfnisse zu sorgen, nach Möglichkeit wiederhergestellt, gefestigt oder gebessert werden. Die Leistungen der Krankenbehandlung werden, soweit in diesem Bundesgesetz nichts anderes bestimmt wird, als Sachleistungen erbracht.

(3) Kosmetische Behandlungen gelten als Krankenbehandlung, wenn sie zur Beseitigung anatomischer oder funktioneller Krankheitszustände dienen. Andere kosmetische Behandlungen können als freiwillige Leistungen gewährt werden, wenn sie der vollen Wiederherstellung der Arbeitsfähigkeit förderlich oder aus Berufsgründen notwendig sind. Als Leistung der Krankenbehandlung gilt auch die Übernahme der für eine Organtransplantation notwendigen Anmelde- und Registrierungskosten bei einer Organbank.

(4) Für Angehörige (§ 78), die sonst einen gesetzlichen Anspruch auf Krankenbehandlung haben, besteht kein Anspruch auf die Leistungen der Krankenbehandlung nach diesem Bundesgesetz.

Anhang 7: B-KUVG (Auszug)

Bundesgesetz vom 31. Mai 1967 über die Kranken- und Unfallversicherung öffentlich Bediensteter (Beamten-Kranken- und Unfallversicherungsgesetz – B-KUVG)

BGBl. Nr. 200/1967 i.d.g.F.

Krankenbehandlung

§ 62:

(1) Die Krankenbehandlung umfasst:

1. **ärztliche Hilfe;**
2. **Heilmittel;**
3. **Heilbehelfe und Hilfsmittel.**

(2) Die Krankenbehandlung muss ausreichend und zweckmäßig sein, sie darf jedoch das Maß des Notwendigen nicht überschreiten. Durch die Krankenbehandlung sollen die Gesundheit, die Dienstfähigkeit und die Fähigkeit, für die lebenswichtigen persönlichen Bedürfnisse zu sorgen, nach Möglichkeit wiederhergestellt, gefestigt oder gebessert werden. Die Leistungen der Krankenbehandlung werden, soweit in diesem Bundesgesetz nichts anderes bestimmt wird, als Sachleistungen erbracht.

(3) Kosmetische Behandlungen gelten als Krankenbehandlung, wenn sie zur Beseitigung anatomischer oder funktioneller Krankheitszustände dienen. Andere kosmetische Behandlungen können gewährt werden, wenn sie der vollen Wiederherstellung der Dienstfähigkeit förderlich oder aus Berufsgründen notwendig sind. Als Leistung der Krankenbehandlung gilt auch die Übernahme der für eine Organtransplantation notwendigen Anmelde- und Registrierungskosten bei einer Organbank.

(4) Angehörigen, die sonst einen gesetzlichen Anspruch auf Krankenbehandlung haben, steht kein

Anspruch auf die Leistungen der Krankenbehandlung nach diesem Bundesgesetz zu.

(5) Befindet sich ein Versicherter (Angehöriger) in Anstaltspflege, so besteht für diese Zeit kein Anspruch auf Leistungen der Krankenbehandlung, soweit die entsprechenden Leistungen nach dem Bundesgesetz über Krankenanstalten und Kuranstalten (KAKuG), BGBl. Nr. 1/1957, im Rahmen der Anstaltspflege zu gewähren sind.

(6) Die Versicherungsanstalt hat die für eine Organtransplantation notwendigen Anmelde- und Registrierungskosten als Leistung der Krankenbehandlung zu übernehmen. Der entsprechende Betrag wird an den gezahlt, der diese Kosten getragen hat. Das Nähere wird unter Bedachtnahme auf die im Einzelfall vorliegenden besonderen Erfordernisse des Anmelde- und Registrierungsverfahrens in der Satzung geregelt; dabei kann die Versicherungsanstalt unter Bedachtnahme auf ihre finanzielle Leistungsfähigkeit auch eine Obergrenze für die Übernahme der Anmelde- und Registrierungskosten vorsehen.

Anhang 8: GSVG (Auszug)

Bundesgesetz vom 11. Oktober 1978 über die Sozialversicherung der in der gewerblichen Wirtschaft selbständig Erwerbstätigen (Gewerbliches Sozialversicherungsgesetz – GSVG)

BGBl. Nr. 560/1978 i.d.g.F.

Leistungen aus dem Versicherungsfall der Krankheit

§ 90:

(1) Der Versicherungsfall der Krankheit umfasst:

a) Krankenbehandlung einschließlich jener im Rahmen der Hospiz- und Palliativversorgung, das ist ärztliche Hilfe, Versorgung mit Heilmitteln und Heilbehelfen sowie Hilfe bei körperlichen Gebrechen (§§ 91 bis 93);

c) erforderlichenfalls Anstaltspflege (§§ 95 bis 98) an Stelle der ärztlichen Hilfe, der Versorgung mit Heilmitteln und jener Heilbehelfe, die nach dem Bundesgesetz über Krankenanstalten und Kuranstalten (KAKuG), BGBl. Nr. 1/1957, im Rahmen der Anstaltspflege zu gewähren sind;

d) medizinische Hauskrankenpflege (§ 99).

(2) Die Krankenbehandlung muss ausreichend und zweckmäßig sein, sie darf jedoch das Maß des Notwendigen nicht überschreiten. Durch die Krankenbehandlung sollen die Gesundheit, die Arbeitsfähigkeit und die Fähigkeit für die lebenswichtigen persönlichen Bedürfnisse zu sorgen, nach Möglichkeit wiederhergestellt, gefestigt oder gebessert werden.

(3) Kosmetische Behandlungen gelten als Krankenbehandlung, wenn sie zur Beseitigung anatomischer oder funktioneller Krankheitszustände dienen. Andere kosmetische Behandlungen können als freiwillige Leistungen gewährt werden, wenn sie der vollen Wiederherstellung der Arbeitsfähigkeit förderlich oder aus

Berufsgründen notwendig sind. Als Leistung der Krankenbehandlung gilt auch die Übernahme der für eine Organtransplantation notwendigen Anmelde- und Registrierungskosten bei einer Organbank.

(4) Für Angehörige (§ 83), die sonst einen gesetzlichen Anspruch auf Krankenbehandlung haben, besteht kein Anspruch auf die Leistungen der Krankenbehandlung nach diesem Bundesgesetz.

Anhang 9: Ärztinnen-/Ärzte-Ausbildungsordnung 2015 (Auszug)

Verordnung der Bundesministerin für Gesundheit über die Ausbildung zur Ärztin für Allgemeinmedizin/zum Arzt für Allgemeinmedizin und zur Fachärztin/zum Facharzt (Ärztinnen-/Ärzte-Ausbildungsordnung 2015 – ÄAO 2015)

BGBl. II Nr. 147/2015 i.d.g.F.

Auf Grund der §§ 10 Abs. 5 und 24 Abs. 1 des Ärztegesetzes 1998 (ÄrzteG 1998), BGBl. I Nr. 169/1998, zuletzt geändert durch das Bundesgesetz BGBl. I Nr. 56/2015, wird verordnet:

Regelungsgegenstand

§ 1:

(1) Diese Verordnung regelt

1. **die für die Ausbildung zur Ärztin für Allgemeinmedizin/zum Arzt für Allgemeinmedizin und die Ausbildung zur Fachärztin/zum Facharzt vorzusehenden Ausbildungserfordernisse einschließlich Definition des Aufgabengebiets sowie Ziel und Umfang der Ausbildung, mit Ausnahme der Arztprüfung (Prüfung zur Ärztin für Allgemeinmedizin/zum Arzt für Allgemeinmedizin und Facharztprüfung),**
2. **den Erfolgsnachweis für die praktische allgemeinärztliche und fachärztliche Ausbildung, mit Ausnahme der Ausgestaltung und Form der Rasterzeugnisse und Prüfungszertifikate,**
3. **die Übergangsbestimmungen im Zusammenhang mit Berufsberechtigungen und Berufsbezeichnungen sowie mit der Anerkennung von Ausbildungsstätten.**

(2) Durch diese Verordnung wird die Richtlinie 2005/36/EG über die Anerkennung von Berufsqualifika-

tionen, ABl. Nr. L 255 vom 30.09.2005 S. 22, in österreichisches Recht umgesetzt.

Sonderfächer und Definition der Aufgabengebiete

§ 15:

(1) Die Ausbildung zur Fachärztin/zum Facharzt eines Sonderfaches ist auf folgenden Gebieten der Medizin möglich, wobei in den Anlagen 2 bis 32 zu jedem Sonderfach die Dauer der Basisausbildung, der Sonderfach-Grundausbildung sowie der Sonderfach-Schwerpunktausbildung in Monaten angeführt wird:

1. Anästhesiologie und Intensivmedizin
2. Anatomie
3. Arbeitsmedizin und angewandte Physiologie
4. Augenheilkunde und Optometrie
5. Chirurgische Sonderfächer
5.1. Allgemeinchirurgie und Viszeralchirurgie
5.2. Allgemeinchirurgie und Gefäßchirurgie
5.3. Herzchirurgie
5.4. Kinder- und Jugendchirurgie
5.5. Neurochirurgie
5.6. Plastische, Rekonstruktive und Ästhetische Chirurgie
5.7. Thoraxchirurgie
6. Frauenheilkunde und Geburtshilfe
7. Gerichtsmedizin
8. Hals-, Nasen- und Ohrenheilkunde
9. Haut- und Geschlechtskrankheiten
10. Histologie, Embryologie und Zellbiologie
11. Internistische Sonderfächer
11.1. Innere Medizin
11.2. Innere Medizin und Angiologie
11.3. Innere Medizin und Endokrinologie und Diabetologie
11.4. Innere Medizin und Gastroenterologie und Hepatologie

11.5. Innere Medizin und Hämatologie und internistische Onkologie
11.6. Innere Medizin und Infektiologie
11.7. Innere Medizin und Intensivmedizin
11.8. Innere Medizin und Kardiologie
11.9. Innere Medizin und Nephrologie
11.10. Innere Medizin und Pneumologie
11.11. Innere Medizin und Rheumatologie
12. Kinder- und Jugendheilkunde
13. Kinder- und Jugendpsychiatrie und Psychotherapeutische Medizin
14. Klinisch-Immunologische Sonderfächer
14.1. Klinische Immunologie
14.2. Klinische Immunologie und Spezifische Prophylaxe und Tropenmedizin
15. Klinisch-Pathologische Sonderfächer
15.1. Klinische Pathologie und Molekularpathologie
15.2. Klinische Pathologie und Neuropathologie
16. Klinisch-Mikrobiologische Sonderfächer
16.1. Klinische Mikrobiologie und Hygiene
16.2. Klinische Mikrobiologie und Virologie
17. Medizinische Genetik
18. Medizinische und Chemische Labordiagnostik
19. Mund-, Kiefer- und Gesichtschirurgie
20. Neurologie
21. Nuklearmedizin
22. Orthopädie und Traumatologie
23. Pharmakologie und Toxikologie
24. Physikalische Medizin und Allgemeine Rehabilitation
25. Physiologie und Pathophysiologie
26. Psychiatrie und Psychotherapeutische Medizin
27. Public Health
28. Radiologie
29. Strahlentherapie-Radioonkologie
30. Transfusionsmedizin

31. Urologie

(2) Die Definitionen des Aufgabengebiets der einzelnen Sonderfächer ergeben sich aus den Anlagen betreffend die Sonderfächer (Anlagen 2 bis 32).

(3) Im Hinblick auf fachärztliche Leitungsfunktionen gelten die jeweils in Abs. 1 Z 5 (Chirurgische Sonderfächer), 11 (Internistische Sonderfächer), 14 (Klinisch-Immunologische Sonderfächer), 15 (Klinisch-Pathologische Sonderfächer) und 16 (Klinisch-Mikrobiologische Sonderfächer) genannten Sonderfächer jeweils für ihr Fachgebiet als ein Sonderfach.

Anlage 6: Sonderfach Plastische, Ästhetische und Rekonstruktive Chirurgie

A. Definition des Aufgabengebiets

Das Sonderfach Plastische, Rekonstruktive und Ästhetische

Chirurgie umfasst die Vorbeugung, Erkennung, konservative und operative Behandlung, Nachbehandlung, Wiederherstellung sowie Verbesserung angeborener oder durch Krankheit, Degeneration, Alter, Tumor, Unfall verursachte, sichtbare, gestörte Körperfunktionen und Körperform sowie die Behandlung von Brandverletzten in der Akutphase und sekundären Rekonstruktionsphase sowie Differenzialtherapie bei postoperativen Komplikationen, Großwunden, Wundheilungsstörungen und Fehlbildungen sowie Transplantation isogener, allogener und synthetischer Ersatzstrukturen.

B. Mindestdauer der Ausbildung

1. 9 Monate Basisausbildung
2. 36 Monate Sonderfach–Grundausbildung
3. 27 Monate Sonderfach–Schwerpunktausbildung, gegliedert in sechs Module und ein wissenschaftliches Modul, wobei aus den sieben Modulen drei Module zu wählen sind.

Anhang 10: EU-Medizinprodukteverordnung (Auszug)

Verordnung (EU) 2017/745 des Europäischen Parlaments und des Rates vom 5. April 2017 über Medizinprodukte, zur Änderung der Richtlinie 2001/83/EG, der Verordnung (EG) Nr. 178/2002 und der Verordnung (EG) Nr. 1223/2009 und zur Aufhebung der Richtlinien 90/385/EWG und 93/42/EWG des Rates

ABl. L 117 vom 05.05.2017

Artikel 2
Begriffsbestimmungen

5. **„implantierbares Produkt" bezeichnet ein Produkt, auch wenn es vollständig oder teilweise resorbiert werden soll, das dazu bestimmt ist, durch einen klinischen Eingriff ganz in den menschlichen Körper eingeführt zu werden oder eine Epitheloberfläche oder die Oberfläche des Auges zu ersetzen und nach dem Eingriff dort zu verbleiben. Als implantierbares Produkt gilt auch jedes Produkt, das dazu bestimmt ist, durch einen klinischen Eingriff teilweise in den menschlichen Körper eingeführt zu werden und nach dem Eingriff mindestens 30 Tage dort zu verbleiben;**
6. **„invasives Produkt" bezeichnet ein Produkt, das durch die Körperoberfläche oder über eine Körperöffnung ganz oder teilweise in den Körper eindringt;**

Anhang 11: Bundesgesetz betreffend Medizinprodukte (Medizinproduktegesetz 2021 – MPG 2021) (Auszug)

BGBl. I Nr. 122/2021 i.d.g.F.

Weitere Implantatregister

§ 46:

(1) Die Gesundheit Österreich GmbH ist berechtigt,

1. **zum Zweck des Schutzes der Gesundheit und Sicherheit von Patienten, Anwendern oder Dritten und zur Abwehr von Risiken von implantierbaren Medizinprodukten,**
2. **zum Zweck der Medizinproduktevigilanz und Marktüberwachung von implantierbaren Medizinprodukten,**
3. **zum Zweck der Qualitätssicherung von implantierbaren Medizinprodukten,**
4. **zum Zweck der Statistik als Grundlage für Planung, Qualitätssicherung und Qualitätsberichterstattung im österreichischen Gesundheitswesen, und**
5. **zu wissenschaftlichen Zwecken**

Implantatregister für aktive implantierbare Medizinprodukte, Weichteilimplantate, cardiovaskuläre, neurologische und orthopädische Implantate zu führen.

(…)

Anhang 12: Medizinproduktebetreiberverordnung (Auszug)

Verordnung der Bundesministerin für Gesundheit, Familie und Jugend über das Errichten, Betreiben, Anwenden und Instandhalten von Medizinprodukten in Einrichtungen des Gesundheitswesens (Medizinproduktebetreiberverordnung – MPBV)

BGBl. II Nr. 70/2007 i.d.g.F.

Auf Grund des § 73 und des § 80 Abs. 2 des Medizinproduktegesetzes, BGBl. Nr. 657/1996, zuletzt geändert durch das Bundesgesetz BGBl. I Nr. 153/2005, wird durch die Bundesministerin für Gesundheit, Familie und Jugend, auf Grund des § 81 Abs. 1 und 3 und des § 92 des Medizinproduktegesetzes durch die Bundesministerin für Gesundheit, Familie und Jugend im Einvernehmen mit dem Bundesminister für Wirtschaft und Arbeit, verordnet:

Implantatregister

§ 10:

(1) Die Betreiberin/Der Betreiber hat für alle implantierbaren Medizinprodukte gemäß Anhang 5 ein Implantatregister zu führen.

(2) Das Implantatregister ist so zu führen, dass eine rasche Identifikation von Implantaten und von Patientinnen und Patienten zum Schutz der Gesundheit und Sicherheit von Patientinnen und Patienten gewährleistet ist.

(3) Das Implantatregister hat folgende Angaben zu enthalten:

1. **Bezeichnung, Art und Typ, Loscode oder Seriennummer des Implantats,**
2. **Name und Anschrift des Herstellers,**
3. **Name und Anschrift des Vertreibers,**

4. Name und Sozialversicherungsnummer der Patientin/des Patienten,
5. Datum der Implantation,
6. Name der für die Implantation verantwortlichen Person, und
7. Intervalle der nachfolgenden Kontrolluntersuchungen unter Bedachtnahme auf die Herstellerangaben.

(4) Die für die Implantation eines Medizinproduktes verantwortliche Einrichtung oder Person hat die Daten nach Abs. 3 zu dokumentieren und 30 Jahre nach der Implantation aufzubewahren. Überdies sind diese Daten der Patienteninformation gemäß § 81 Abs. 2 Medizinproduktegesetz beizufügen.

(5) Für das Implantatregister sind alle Datenträger inklusive Papierform zulässig, die die Verfügbarkeit der in Abs. 3 genannten Angaben während der Dauer der Aufbewahrungsfrist sicherstellen.

Liste der in das Implantatregister aufzunehmenden Medizinprodukte

Anhang 5:

1. Aktive implantierbare Medizinprodukte inklusive implantiertem Zubehör (zB Herzschrittmacher, Cochlea-Implantate, Elektroden etc.)
2. Nicht aktive implantierbare Medizinprodukte:
   - Gelenks-Implantate (zB Hüftgelenks-, Kniegelenks-Implantate, etc.)
   - Weichteil-Implantate (zB Brust-Implantate, etc.)
   - Organ-Implantate (zB künstliche Herzklappen, etc.)
   - Implantate im zentralen Kreislaufsystem im Sinne des Anhang IX der Richtlinie 93/42/EWG (zB Stents, Vena cava-Filter, etc.)

Anhang 13: Gewerbeordnung (Auszug)

Gewerbeordnung 1994 – GewO 1994

BGBl. Nr. 194/1994 (WV) i.d.g.F.

Reglementierte Gewerbe

§ 94:

Folgende Gewerbe sind reglementierte Gewerbe:

(...)

22. Friseur und Perückenmacher (Stylist) (Handwerk)

23. Fußpflege

33. Herstellung und Aufbereitung sowie Vermietung von Medizinprodukten, soweit diese Tätigkeiten nicht unter ein anderes reglementiertes Gewerbe fallen, und Handel mit sowie Vermietung von Medizinprodukten

(...)

42. Kosmetik (Schönheitspflege)

(...)

81. Zahntechniker (Handwerk)

Friseur und Perückenmacher (Stylist), Fußpflege, Kosmetik (Schönheitspflege)

§ 109:

(1) Friseure und Perückenmacher (§ 94 Z 22) sind unbeschadet der Rechte der Fußpfleger und Kosmetiker (Schönheitspfleger) auch berechtigt, dekorative Kosmetik (Schminken) und Nagelpflege einschließlich des Nageldesigns auszuführen. Sie sind weiters zum Stechen von Ohrläppchen unter Verwendung von sterilen Einweg-Ohrlochknöpfen nach vorheriger Hautdesinfektion sowie zur Anbringung eines künstlichen Zahn- oder Hautschmucks (Kristall) mittels Klebstoff berechtigt.

(2) Gewerbetreibende, die am 1. Juli 1993 auf Grund einer entsprechenden Gewerbeberechtigung das Gewerbe der Friseure und Perückenmacher ausgeübt haben und im Rahmen der Ausübung dieses Gewerbes auch die Tätigkeiten der Fußpfleger ausgeübt haben, dürfen letztere Tätigkeiten im Rahmen der Ausübung des Gewerbes der Friseure und Perückenmacher nur dann weiter ausüben, wenn sie

1. nachweisen, dass sie die Tätigkeiten der Fußpfleger in der Zeit vom 1. Juli 1992 bis 30. Juni 1993 im Rahmen einer befugten Ausübung des Gewerbes der Friseure und Perückenmacher tatsächlich regelmäßig ausgeübt haben und
2. die weitere Ausübung der Bezirksverwaltungsbehörde spätestens am 30. November 1993 angezeigt haben.

§ 345 Abs. 7, Abs. 8 Z 1 und Abs. 9 in der Fassung des Bundesgesetzes BGBl. I Nr. 111/2002 gilt sinngemäß. Andere Gewerbetreibende, die das Gewerbe der Friseure und Perückenmacher ausüben, dürfen ab 1. Dezember 1993 nicht mehr Tätigkeiten der Fußpfleger auf Grund einer Gewerbeberechtigung für das Gewerbe der Friseure und Perückenmacher ausüben.

(3) Piercen und Tätowieren sind dem Gewerbe der Kosmetik (Schönheitspflege) (§ 94 Z 42) vorbehalten.

(4) Piercen im Sinne des Abs. 3 ist das Durchstechen der Haut zwecks Anbringung von Schmuck an Hautfalten, verknorpelten Stellen des Ohres oder des Nasenflügels oder an der Zunge vor dem Zungenbändchen, sofern dazu ein Gerät verwendet wird, das höchstens zwei Millimeter durchmessend in die Haut eindringt und keine strich- oder flächenförmigen Verletzungen oder Vernarbungen verursacht.

(5) Tätowieren im Sinne des Abs. 3 ist das Einfügen von Farbstoffen in die menschliche Haut oder Schleimhaut zu dekorativen Zwecken. Zum Tätowieren zählt auch das Anbringen von Permanent-Make-Up.

(6) Personen, die das Gewerbe der Kosmetik (Schönheitspflege) ausüben, sind auch zum Stechen von Ohrläppchen unter Verwendung von sterilen Einweg-Ohrlochknöpfen nach vorheriger Hautdesinfektion sowie zur Anbringung eines künstlichen Zahn- oder Hautschmuckes (Kristall) mittels Klebstoff sowie zur Haarentfernung mittels Laser berechtigt.

Anmerkungen:

1 Die Berechtigung zur Haarentfernung mittels Laser wurde mit BGBl. I 171/2022 hinzugefügt.

2 Im Abänderungsantrag AA-285 27. GP, 1 wird dies wie folgt begründet: „Bei der Haarentfernung handelt es sich um eine Tätigkeit des Kernbereichs der Kosmetik (Schönheitspflege). Dies umfasst auch den Einsatz neuer Arbeitstechniken und -methoden nach dem aktuellen Stand der Technik. Aus § 3 Abs. 6 Z 5 der Verordnung der Bundesinnung der Fußpfleger, Kosmetiker und Masseure über die Durchführung von Befähigungsprüfungen für das reglementierte Gewerbe der Kosmetik (Schönheitspflege), ausgenommen Piercen und Tätowieren, ergibt sich, dass im Rahmen der Befähigungsprüfung Fertigkeiten auf höherem Niveau in Bezug auf Enthaarung nach dem Stand der Technik nachzuweisen sind. (...)

Bei der Haarentfernung mittels Laser, zu welcher im weiteren Sinne auch die Behandlung mittels Intense Pulsed Light (IPL) zu zählen ist, handelt es sich um einen minimal-invasiven Eingriff wie dieser auch bei der unstrittig gewerblichen Tätigkeit des Piercens und Tätowierens oder beim Ohrläppchen-Stechen mittels sterilen Einweg-Ohrlochknöpfen stattfindet, zu der Gewerbetreibende, insofern keine erkennbaren Kontraindikationen vorliegen, ebenfalls berechtigt sind. Bei der Haarentfernung mittels Laser kommt es zu einem Durchdringen der obersten Hautschicht und zur Absorbierung der eingebrachten Energie durch die Haarwurzel. Es erfolgt allerdings keine Schädigung (wie z.B. durch Gewebeabtrag oder ähnliches) der Haut oder des umliegenden Gewebes. Dieses wird zwar erwärmt, bei sachgemäßer Anwendung aber nicht darüber hinaus beeinträchtigt oder geschädigt. Es ist daher nicht von einem erheblichen Gefährdungspotenzial auszugehen. Die Durchdringung der obersten Hautschicht stellt zudem keinen zwingenden Maßstab für eine ausschließliche Zuweisung in den ärztlichen Vorbehaltsbereich dar. Für die Haarentfernung mittels Laser ist insbesondere kein medizinisches Wissen erforderlich, welches über jenes in der Ausbildung der Kosmetiker vermittelte hinausgeht."

3 Eine weitere erwogene Änderung, nämlich die Anwendung von Kristallsteinchen im Bereich der Zahnpflege, fand keinen Eingang in den Gesetzestext.

4 Unter dekorativer Kosmetik ist nicht nur Schminken zu verstehen, sondern auch das Färben der Augenbrauen und Wimpern sowie die Wimpernverlängerung.

5 Die Hühneraugenentfernung, ist Teil des Fußpflegegewerbes. Bei der Fußpflege erkennt die Fachkraft Deformationen an Nägeln und schneidet, feilt und fräst sie. Sie behandelt eingewachsene Zehennägel, wendet unter Berücksichtigung der Orthonyxie unterschiedliche Nagelspangen an und führt Nagelprothetik durch. Sie arbeitet in allen Bereichen des Fußes sicher mit Instrumenten und Fräsern und entfernt Schwielen, Hühneraugen und verhornte Hautstellen (§ 2 Abs. 2 der Kosmetik-Fußpflege-Ausbildungsordnung, BGBl. II 390/2023). Zu beachten ist, dass hier nur die oberflächliche Behandlung bzw. das oberflächliche Entfernen von Schwielen, verhornter Haut etc. zulässig sein kann. Eine komplette Entfernung von Hühneraugen (inklusive des in die Tiefe reichenden Sporns durch invasive Maßnahmen (etwa mittels Skalpell) ist als operativer Eingriff gem. § 2 Abs. 2 Z 4 ÄrzteG den Ärzten vorbehalten (*Riesz*, in: *Ennöckl/Raschauer/Wessely* [Hg.], Kommentar zur Gewerbeordnung. Bd 2 (2015) Anm. 5 zu § 109 GewO).

6 Alle Tätigkeiten gem. § 109 GewO 1994 können gem. § 50 Abs. 1 Z 3 GewO 1994 auch außerhalb der Betriebsstätte ausgeübt werden.

Handel mit und Vermietung von Medizinprodukten

§ 115:

Der Bundesminister für Wirtschaft und Arbeit kann durch Verordnung im Einvernehmen mit dem Bundesminister für Gesundheit, Familie und Jugend festlegen, dass der Handel mit und die Vermietung von Medizinprodukten nicht dem reglementierten Gewerbe gemäß § 94 Z 33 vorbehalten ist, wenn nach der Eigenart der betreffenden Medizinprodukte zu erwarten ist, dass sie

bei ihrer bestimmungsgemäßen Verwendung keine Auswirkungen auf die Gesundheit des Verwenders haben. Ebenso kann der Bundesminister für Wirtschaft und Arbeit durch Verordnung im Einvernehmen mit dem Bundesminister für Gesundheit, Familie und Jugend bestimmte Medizinprodukte bezeichnen, deren Verkauf dem Handel mit und der Vermietung von Medizinprodukten und den Drogisten vorbehalten ist.

Zahntechniker

§ 148a:

Personen, die zur Ausübung des Handwerks der Zahntechniker (§ 94 Z 81) berechtigt sind und auch die Zahntechnikermeisterprüfung erfolgreich absolviert haben, sind berechtigt, im Einzelfall im Auftrag des Zahnarztes im Rahmen der Herstellung, der Reparatur oder der Eingliederung eines abnehmbaren Zahnersatzes Abformungen und notwendige Bissnahmen im Mund des Menschen vorzunehmen und die notwendigen An- und Einpassungsarbeiten an diesem Zahnersatz durchzuführen. Diese Arbeiten sind in der Ordination des beauftragenden Zahnarztes durchzuführen.

§ 162:

(1) Kein reglementiertes Gewerbe und kein Teilgewerbe sind:

(...)

13. Modellieren von Fingernägeln (Nagelstudio);

(2) Zur Ausübung von in Abs. 1 genannten freien Gewerben ist jeweils jedenfalls auch berechtigt, wer über die folgenden Gewerbeberechtigungen mit oder ohne Einschränkungen verfügt:

(...)

10. Kosmetik (Schönheitspflege) zum Modellieren von Fingernägeln (Nagelstudio);

Anmerkung:

Pflege und Modellieren von Fingernägeln („Nagelstudio“) wurde mit der Gewerberechtsnovelle 2017 (BGBl. I 94/2017) zum freien Gewerbe.

Anhang 14: Ausübungsregeln für das Piercen und Tätowieren

Verordnung des Bundesministers für Wirtschaft und Arbeit über Ausübungsregeln für das Piercen und Tätowieren durch Kosmetik (Schönheitspflege)-Gewerbetreibende

BGBl. II Nr. 141/2003 i.d.g.F.

Auf Grund des § 69 Abs. 1 der Gewerbeordnung 1994 (GewO 1994), BGBl. Nr. 194, zuletzt geändert durch das Bundesgesetz BGBl. I Nr. 111/2002, wird verordnet:

§ 1:

(1) Piercen im Sinne dieser Verordnung ist das Durchstechen der Haut zwecks Anbringung von Schmuck an Hautfalten, verknorpelten Stellen des Ohres oder des Nasenflügels, oder an der Zunge vor dem Zungenbändchen, sofern dazu ein Gerät verwendet wird, das höchstens zwei Millimeter durchmessend in die Haut eindringt und keine strich- oder flächenförmigen Verletzungen oder Vernarbungen verursacht.

(2) Tätowieren im Sinne dieser Verordnung ist das Einfügen von Farbstoffen in die menschliche Haut oder Schleimhaut zu dekorativen Zwecken. Zum Tätowieren zählt auch das Anbringen von Permanent-Make-Up.

§ 2:

(1) Das Piercen und Tätowieren bedürfen der rechtswirksamen schriftlichen Einwilligung der zu piercenden oder der zu tätowierenden Person. Das Piercen von Minderjährigen bedarf zusätzlich der rechtswirksamen schriftlichen Einwilligung der mit der Pflege und Erziehung des Minderjährigen betrauten Person. Handelt es sich bei der zu piercenden Person um einen mündigen Minderjährigen, entfällt die Einwilligungspflicht, wenn zu erwarten ist, dass die gepiercte Stelle innerhalb von 24 Tagen heilt. Das Tätowieren von minderjährigen

Personen, die das sechzehnte Lebensjahr vollendet haben, bedarf der rechtswirksamen schriftlichen Einwilligung der mit der Pflege und Erziehung des Minderjährigen betrauten Person. Das Tätowieren von minderjährigen Personen vor Vollendung des sechzehnten Lebensjahres sowie das Piercen von unmündigen minderjährigen Personen ist verboten.

(2) Vor Einholung der schriftlichen Einwilligung gemäß Abs. 1 sind die zu piercende Person, gegebenenfalls zusätzlich die mit der Pflege und Erziehung des Minderjährigen betraute Person, oder die zu tätowierende Person über die mit dem Piercen und Tätowieren verbundenen Risken aufzuklären. Eine schriftliche Bestätigung über die erfolgte Aufklärung hat zu erfolgen. Im Falle von Komplikationen nach dem erfolgten Pierc- bzw. Tätowiervorgang ist dem Betroffenen das Aufsuchen eines Arztes anzuraten.

(3) Eine Aufklärung hat insbesondere über die erforderliche Nachbehandlung der gepiercten bzw. tätowierten Körperregion, mögliche unerwünschte Reaktionen nach Vornahme des Piercings oder der Tätowierung wie allergische und entzündliche Reaktionen sowie die Möglichkeit zur Entfernung des Piercings und der Tätowierung sowie der damit verbundenen Gefahren zu erfolgen.

§ 3:

Das Piercen und Tätowieren dürfen nur vorgenommen werden, wenn kein Hinweis auf eine dem Piercen und Tätowieren entgegenstehende Kontraindikation vorliegt. Hinsichtlich möglicher Kontraindikationen, wie etwa Hämophilie, Diabetes, Hepatitiden, HIV, Hautkrankheiten, Ekzeme, Allergien, angeborene Immundefizienerkrankungen, andere Ursachen einer Immunsuppression, Autoimmunerkrankungen, Blutverdünnungstherapie, Geschlechtskrankheiten, fieberhafte Infekte, ist aufzuklären und hat eine schriftliche Bestätigung der erfolgten Aufklärung seitens der zu piercenden oder

tätowierenden Person bzw. erforderlichenfalls des Erziehungsberechtigten der Minderjährigen Person zu erfolgen.

§ 4:

Die Einholung der schriftlichen Einwilligung gemäß § 2 Abs. 1, der schriftlichen Bestätigung gemäß § 2 Abs. 2 sowie eine Kurzbeschreibung der erbrachten Leistung und die Chargennummern der verwendeten Farben und Stoffe sind zu dokumentieren und über einen Zeitraum von zehn Jahren verfügbar zu halten. Eine Ablichtung der genannten Dokumente ist dem Kunden auszufolgen.

§ 5:

Auch ein bloß einmaliger gravierender Verstoß gegen die Bestimmung des § 3 kann bewirken, dass der Gewerbetreibende die für die Ausübung des Gewerbes erforderliche Zuverlässigkeit nicht mehr besitzt.

Anmerkungen:

1 Grundsätzlich brauchen Personen unter 18 Jahren für ein Piercing zusätzlich die Zustimmung der Eltern. Diese Einwilligungspflicht entfällt bei Minderjährigen zwischen 14 und 18 Jahren, wenn zu erwarten ist, dass die gepiercte Stelle innerhalb von 24 Tagen heilt. Das Piercen von Minderjährigen unter 14 Jahren ist generell verboten.

2 Das Tätowieren von Personen unter 16 Jahren ist verboten. Jugendliche zwischen 16 und 18 Jahren brauchen die schriftliche Einwilligung ihrer/ihres Erziehungsberechtigten.

3 Das gewerberechtliche Verbot entfaltet keine Rückwirkung auf die zivilrechtliche Handlungsfähigkeit (*Staffe-Hanacek/Weitzenböck*, Kinder- und Jugendhilferecht [2015] Anm. 4 zu § 173 ABGB).

Anhang 15: Ausübungsregeln für Fußpflege, Kosmetik und Massage durch Gewerbetreibende

Verordnung des Bundesministers für Wirtschaft und Arbeit über Ausübungsregeln für Fußpflege, Kosmetik und Massage durch Gewerbetreibende

BGBl. II Nr. 262/2008 i.d.g.F.

Auf Grund des § 69 Abs. 1 der Gewerbeordnung 1994 (GewO 1994), BGBl. Nr. 194, zuletzt geändert durch das Bundesgesetz BGBl. I Nr. 68/2008, wird verordnet:

§ 1:

Der Verordnung unterliegen die Ausübung von Tätigkeiten der reglementierten Gewerbe der Fußpflege gemäß § 94 Z 23 GewO 1994, der Kosmetik (Schönheitspflege) gemäß § 94 Z 42 GewO 1994 und der Massage gemäß § 94 Z 48 GewO 1994.

§ 2:

(1) Die Ausstattung der Betriebsstätte und die Arbeitsvorgänge haben den in der Anlage 1 angeschlossenen Anforderungen an die Hygiene zu entsprechen. Eine Erste-Hilfe-Ausstattung hat vorhanden zu sein.

(2) Beim Piercen und Tätowieren sind ausschließlich sterile Geräte sowie Farben und Stoffe mit Chargennummern zu verwenden, mit deren Gebrauch keine nachgewiesenen Gesundheitsrisiken verbunden sind. Farben und Stoffe, die mit dem Körper in Berührung kommen, dürfen unter Bedachtnahme auf die chemikalien- und arzneimittelrechtlichen Bestimmungen keine gefährlichen Stoffe freisetzen. Die Geräte, Farben und Stoffe sind ausschließlich bei Unternehmen zu beziehen, die zu deren Inverkehrbringen berechtigt sind.

§ 3:

Die Abfallentsorgung hat gemäß Ö-Norm S2104 zu erfolgen (Anlage 2).

§ 4:

Beim Piercen und Tätowieren ist die Einhaltung der Vorschriften über die Ausstattung der Betriebsstätte gemäß § 2 Abs. 1 und über die zu verwendenden Geräte, Farben und Stoffe gemäß § 2 Abs. 2, der Behörde gegenüber jährlich durch die Beibringung eines Unbedenklichkeitsnachweises durch eine akkreditierte Stelle nachzuweisen, die über die erforderliche personelle und infrastrukturelle Ausstattung verfügt.

§ 5:

Die Dokumentation zur Unterweisung betreffend Mitarbeitergesundheit (Anlage 3) ist vom Gewerbetreibenden zu führen und über einen Zeitraum von zehn Jahren verfügbar zu halten. Nach erfolgter Unterweisung sowie einmal jährlich ist dem Mitarbeiter der Text der Unterweisung in Kopie auszuhändigen. Die in Anlage 3 Z 5 enthaltenen Tätigkeitsbeschränkungen gelten auch für den Gewerbeinhaber.

§ 6:

Auch ein bloß einmaliger gravierender Verstoß gegen die Bestimmungen des § 2 Abs. 2 kann bewirken, dass der Gewerbetreibende die für die Ausübung des Gewerbes erforderliche Zuverlässigkeit nicht mehr besitzt. Die Nichtvorlage des Unbedenklichkeitsnachweises gilt als gravierender Verstoß.

§ 7:

Die Vorlage eines Unbedenklichkeitsnachweises gemäß § 7 der Verordnung über Ausübungsregeln für das Piercen und Tätowieren durch Kosmetik(Schönheitspflege)-Gewerbetreibende, BGBl. II Nr. 141/2003, gilt bis zum 31. Dezember 2008 als Vorlage eines Unbedenklichkeitsnachweises im Sinne dieser Verordnung.

§ 8:

Alle personenbezogenen Bezeichnungen sind geschlechtsneutral zu verstehen und gelten sowohl für die männliche als auch für die weibliche Form.

Anlage 1 (§ 2 Abs. 1)

Allgemeine Anforderungen an die Betriebsräume:

1. Die Betriebsstätten müssen sauber und instand gehalten werden.
2. Die Betriebsstätten müssen so gestaltet sein, dass eine angemessene Reinigung und gegebenenfalls eine Desinfektion möglich sind.
3. Es müssen in ausreichender Zahl Handwaschbecken (Warm- und Kaltwasserzufuhr) und Toiletten vorhanden sein.
4. Die Waschbecken müssen mit Einmalhandtüchern und abdeckbarer Abwurfmöglichkeit vorzugsweise mit Fußbedienung, Händewaschlotion (Seifenspender) und geeignetem Händedesinfektionsmittel (Desinfektionsmittelspender mit Armbedienung) ausgestattet sein.
5. Ein Waschbecken (Ausstattung siehe Punkt 4) muss in der Nähe des Arbeitsplatzes vorhanden sein, ohne eine Kontaminationsgefahr für den eigentlichen Arbeitsplatz bzw. den Kunden darzustellen.
6. Böden, Wände und Arbeitsflächen in unmittelbarem Nahebereich des Kunden sind in einwandfreiem Zustand zu halten und müssen leicht zu reinigen und gegebenenfalls unter Verwendung eines geeigneten Flächendesinfektionsmittels durch Wischdesinfektion zu desinfizieren sein.
7. Die Oberflächen der Arbeitsstühle, Arbeitsliegen etc. und jene Bereiche, die mit der Haut des Kunden in Kontakt kommen, müssen leicht zu reinigen und zu desinfizieren sein.
8. Die Sanitärbereiche müssen sauber und instand gehalten werden.
9. Tiere dürfen sich nicht im Eingriffsraum/Arbeitsraum aufhalten.

Allgemeine Anforderungen an die Arbeitsgeräte

1. Die Arbeitsgeräte müssen leicht zu reinigen und gegebenenfalls desinfizierbar sein oder es müssen Einmalprodukte verwendet werden.
2. Gereinigte und desinfizierte und/oder sterilisierte (einmalverpackte) Gerätschaften sind staubgeschützt (keimarm) zu lagern.
3. Für die Entnahme von Cremen sind Wegwerfspatel oder Kunststoffspatel zu verwenden. Die Kunststoffspatel sind nach jedem Gebrauch zu reinigen und desinfizieren.
4. Kugelsterilisatoren dürfen nicht verwendet werden. Bei Neuanschaffungen sind Dampfsterilisatoren verpflichtend.

Allgemeine Anforderungen an die Personalhygiene

1. Die Beschäftigten haben ein hohes Maß an persönlicher Sauberkeit zu halten.
2. Vor Arbeitsantritt, nach jeder abgeschlossenen Tätigkeit, nach jeder Toilettenbenützung und nach Schmutzarbeit sind Hände und Unterarme gründlich zu reinigen und zu desinfizieren (hygienische Händedesinfektion); zum Trocknen der Hände sind Einmalhandtücher zu verwenden.
3. Die Durchführenden müssen angemessene saubere Arbeitskleidung tragen.
4. Unbedingt sind Einmalhandschuhe bei Tätigkeiten zu tragen, die ein erhöhtes Infektionsrisiko mit sich bringen.
5. Personen, die eine Infektionsgefahr für Kunden und/oder Mitarbeiter darstellen (siehe Anlage 3: Dokumentierter Nachweis der Mitarbeitergesundheit), ist die Arbeit nicht zu gestatten.
6. Soweit Verletzungen im Bereich der Hände und Unterarme der Arbeitnehmer eine Arbeit am Kunden nicht ausschließen (siehe Anlage 3), sind sie mit wasserundurchlässigen Verbänden abzudecken.

7. **Verletzungen dürfen nur mit sterilen Verbänden und bakteriziden und fungiziden Hautdesinfektionsmitteln (mit ausgewiesener Viruzidie) versorgt werden.**

Allgemeine Anforderungen an die Reinigung/Desinfektion:

1. **Es müssen geeignete Vorrichtungen zum Reinigen und Desinfizieren der Arbeitsgeräte vorhanden sein. Nach jedem Arbeitsgang sind die verwendeten Arbeitsgeräte zu reinigen und zu desinfizieren (Vorzugsweise zur Vorreinigung und Desinfektion in einem Ultraschallbad unter Verwendung eines geeigneten Instrumentendesinfektionsmittels, dessen Wirkungsweise bakterizid, fungizid und virusinaktivierend sein muss).**
2. **Bei Verwendung von Desinfektionsmitteln ist besonders auf die richtige Einwirkzeit und auf die vom Hersteller vorgeschriebene Anwendungskonzentration sowie die allgemeinen Anwendungshinweise zu achten. Für die jeweiligen Desinfektionsmittel sind geeignete Schutzhandschuhe bereitzustellen. Hautpflegepräparate sind zur Verfügung zu stellen.**
3. **Immer zu desinfizieren sind Arbeitsgeräte (Instrumentendesinfektion) und Flächen (gezielte Wischdesinfektion), die mit Blut oder potentiell infektiösen Materialien bzw. Körperflüssigkeiten kontaminiert wurden.**
4. **Die Liege- und Sitzflächen der Behandlungsräume bzw. die Flächen, die mit der Haut des Kunden in Kontakt kommen, müssen nach jeder Benützung gereinigt und desinfiziert werden.**
5. **Zur Wund- und Hautdesinfektion sind nur sterile Einmaltupfer und geeignete Wund- bzw. Hautdesinfektionsmittel zu verwenden.**
6. **Stoffhandtücher, Stoffwischtücher und wieder verwendbare Haushaltsreinigungsschwämme**

müssen täglich einer thermischen Desinfektion (Kochwäscheprogramm) zugeführt werden und dürfen nur einmal vor der thermischen Desinfektion verwendet werden.

7. Als Desinfektionsmittel dürfen nur Produkte aus der Expertenliste der „Österreichischen Gesellschaft für Mikrobiologie und Präventivmedizin“ (ÖGHMP) oder des „Verbundes für angewandte Hygiene“ (VAH) verwendet werden.
8. Fußböden sind an Arbeitstagen bzw. nach Bedarf einer Reinigung zu unterziehen.

Mobile Dienste (Hausbesuche):

Für Hausbesuche gelten grundsätzlich die gleichen Hygienevorgaben wie für den Gewerbestandort mit Ausnahme der Punkte:

Punkt 1 bis 9 der „Allgemeinen Anforderungen an die Betriebsräume“,

Punkt 8 der „Allgemeinen Anforderungen an die Reinigung/Desinfektion“,

Punkt 1 und 2 der „Speziellen Anforderungen an die Betriebsräume für das Piercen, Tätowieren und Permanent Make-up durch Kosmetik (Schönheitspflege)-Gewerbetreibende“, wobei ein geeignetes alkoholisches Händedesinfektionsmittel zur Verfügung stehen muss sowie Punkt 1 und 3 der „Abfälle“.

Für Messen (z.B. Tattoo-Conventions) gelten grundsätzlich die gleichen Hygienevorgaben wie für den Gewerbestandort mit Ausnahme der Punkte:

Punkt 1 bis 6 und 8 der „Allgemeinen Anforderungen an die Betriebsräume“

Punkt 1 und 2 der „Speziellen Anforderungen an die Betriebsräume für das Piercen, Tätowieren und Permanent Make-up durch Kosmetik(Schönheitspflege)-Gewerbetreibende“ wobei ein geeignetes alkoholisches Händedesinfektionsmittel zur Verfügung stehen muss.

Abfälle:

1. **Abfälle sind in Vorrichtungen mit eingespannten Kunststoffsäcken zu sammeln und müssen abgedeckt und mit Fußbedienung ausgestattet sein.**
2. **Spitze und scharfe Gegenstände müssen so entsorgt werden, dass von ihnen weder innerhalb des Betriebes noch außerhalb eine Verletzungsgefahr ausgehen kann. Hierzu sind die Gegenstände in einem flüssigkeitsdichten, durchstichsicheren, undurchsichtigen und verschließbaren Behälter zu verbringen.**
3. **Die Abfälle müssen täglich entsorgt werden.**

Schulung/Dokumentation:

1. **Der Gewerbeinhaber oder Geschäftsführer hat zu gewährleisten, dass Personen, die in diesem Bereich arbeiten, entsprechend ihrer Tätigkeit überwacht und in Fragen der Hygiene sowie der zu verwendenden Hautpflege mindestens einmal jährlich unterwiesen werden. Die Schulungsmaßnahmen sind zu dokumentieren.**
2. **Ein Reinigungs- und Desinfektionsplan ist zu erstellen. In diesem sind festzuschreiben: Das Objekt, das desinfiziert werden soll, die Art der Reinigung und/oder Desinfektion, das dazu erforderliche Arbeitsmittel/Desinfektionsmittel, Einwirkzeit und Konzentration des Desinfektionsmittels, der Zeitpunkt bzw. Rhythmus der hygienischen Maßnahmen, die verantwortliche bzw. ausführende Person.**
3. **Die Einhaltung des Reinigungs- und Desinfektionsplans ist zu dokumentieren.**
4. **Der Gewerbetreibende hat dafür Sorge zu tragen, dass der Durchführende über ein ausreichendes Wissen verfügt, um die Dienstleistung sachgerecht zu erbringen und auf Komplikationen adäquat zu reagieren.**

Spezielle Anforderungen an die Betriebsräume für das Piercen, Tätowieren und Permanent Make-up durch Kosmetik(Schönheitspflege)- Gewerbetreibende:

1. **Die Einrichtung des Eingriffsraumes ist auf das Notwendigste zu beschränken.**
2. **Der Eingriffsraum ist von anderen Räumlichkeiten (z.B. Warte- oder Durchgangsräumen) abzutrennen.**

Spezielle Anforderungen an die Arbeitsgeräte für das Piercen, Tätowieren und Permanent Make-up durch Kosmetik(Schönheitspflege)-Gewerbetreibende:

1. **Es müssen geeignete Vorrichtungen zum Reinigen, Desinfizieren und zur Sterilisation von Arbeitsgeräten vorhanden sein. Werden in einem Institut ausnahmslos Einmalprodukte eingesetzt, dann sind Sterilisatoren und die damit verbundene jährliche Überprüfung des Sterilisators und die Sterilisationsdokumentation nicht notwendig.**
2. **Die Arbeitsgeräte (z.B. Nadeln, Collins-, Förster-, Williams-, Duval-, Penningtonklemmen, Pinzetten, Ringbiegezangen, Ringöffner, Scheren, Schwammzangen usw.) soweit erforderlich, müssen sterilisierbar sein oder es müssen sterile Einmalprodukte verwendet werden.**
3. **Immer zu sterilisieren sind wieder verwendbare Arbeitsgeräte, die mit Blut, Serum oder Sekreten (z.B. Speichel) kontaminiert wurden. Als Sterilisationsverfahren kommen nur der Heißluftsterilisator und Dampfsterilisator in Betracht.**
4. **Die im Heißluftsterilisator erreichbare Temperatur muss mindestens 180 ° C betragen und eine Einwirkzeit (Abtötungszeit) von mindestens 30 Minuten garantieren. Bei jedem Sterilisationsvorgang ist ein geeigneter chemischer Farbindikator zur Sichtkontrolle einzusetzen. Zu berücksichtigen ist, dass die Erwärmungszeit,**

Ausgleichszeit, Sicherheitszuschlag und Abkühlzeit die Prozessdauer verlängern.

5. **Im Dampfsterilisator ist ebenso nach Ablauf der Anheiz- und Ausgleichszeit eine Einwirkzeit (Abtötungszeit) von mindestens 15 Minuten bei gesättigtem und gespanntem Dampf mit der Temperatur von 121° C oder mindestens drei Minuten bei 134° C einzuhalten. Die Trocknungs- bzw. Abkühlzeit verlängert die Prozessdauer zusätzlich. Bei jedem Sterilisationsvorgang ist ein geeigneter chemischer Indikator zur Sichtkontrolle einzusetzen.**
6. **Einmal jährlich ist mit einem geeigneten biologischen Testverfahren durch eine akkreditierte Stelle für Mikrobiologie eine mikrobiologische Überprüfung des Dampfsterilisators und/oder des Heißluftsterilisators durchzuführen (Verwendung eines biologischen Indikators/Prüfkeimes, wie z.B. Sporen von Bacillus stearothermophilus oder andere Stämme bzw. Keime gleicher Resistenz bei Dampfsterilisatoren und Sporen von Bacillus subtilis oder andere Stämme gleicher Resistenz bei Heißluftsterilisatoren).**
7. **Sämtliches Sterilisiergut ist in einer geeigneten Verpackung zu sterilisieren (bei Dampf- und Heißluftsterilisation).**
8. **Die sterilisierten Arbeitsgeräte sind keimarm (staubgeschützt und trocken) zu lagern.**
9. **Sterilgut ohne Lagerverpackung darf unter diesen Bedingungen (Punkt 8) maximal sechs Monate gelagert werden; in der Lagerverpackung gelten die vom Hersteller angegebenen Verfalldaten.**
10. **Verschmutzte oder feuchte Instrumente (nach der Sterilisation) sind als unsteril zu betrachten. Deren Verwendung ist unzulässig.**

11. Bei jedem Sterilisator ist eine detaillierte Betriebsanweisung zur sicheren Bedienung des Geräts und zur wirksamen Sterilisationsdurchführung auszuhängen.
12. Für jede Sterilisation ist mit Unterschrift des Verantwortlichen zu dokumentieren: Datum, Art des Sterilgutes, eingehaltene und kontrollierte Verfahrensparameter, Beginn und Ende der Sterilisierzeit (Abtötungszeit). Die Dokumentation ist für zehn Jahre verfügbar zu halten.
13. Farben müssen vor Ultraviolettstrahlung (z.B. nicht sichtbarer Anteil des Sonnenlichtes) geschützt aufbewahrt werden.
14. Farbkappen dürfen nur einmal verwendet werden.

Spezielle Anforderungen an die Implantate für das Piercen durch Gewerbetreibende:

Alle Implantate müssen:

1. steril,
2. nicht allergisierend,
3. gut verträglich und
4. nicht toxisch

sein.

Spezielle Anforderungen an die Farben für das Tätowieren durch Permanent Make-up durch Gewerbetreibende:

1. Verwendete Farben müssen zum Zwecke der Rückverfolgbarkeit mindestens mit der Produktbezeichnung, Chargennummer, Haltbarkeitsdatum und den Herstellerangaben versehen sein.
2. Die Farben müssen vom Hersteller steril in Verkehr gebracht werden.

Spezielle Anforderungen an die Vorbereitung und Nachsorge des Kunden für das Piercen, Tätowieren und Permanent Make-up durch Kosmetik(Schönheitspflege)-Gewerbetreibende:

1. Die benötigten Instrumente bzw. Implantate

müssen auf einer sterilen Unterlage bereitgestellt werden.
2. Das Eingriffsgebiet ist soweit freizulegen, dass eine Kontamination durch Kleidungsstücke zuverlässig vermieden wird.
3. Der unmittelbare Eingriffsbereich und seine Umgebung sind bakterizid, fungizid und virozidwirksam mit einem geeigneten Hautdesinfektionsmittel zu desinfizieren bzw. vorher nötigenfalls zu reinigen.
4. Bei Rasuren sind Einmalrasierer zu verwenden, wobei das Einschäumen oder Benetzen mit Flüssigkeiten vor der Rasur nicht anzuraten ist. Nach der Rasur ist eine Desinfektion des betroffenen Hautbereiches durchzuführen und der Einmalrasierer zu entsorgen.
5. Im Nasen- Rachenraum (z.B. Zungenpiercing) ist immer eine Schleimhautdesinfektion durchzuführen, um eine teilweise Verringerung der Keimbelastung zu erreichen.
6. Bei Bedarf ist ein steriler Verband oder Wundschnellverband anzulegen.
7. Eine geeignete Nachsorge und Behandlung, gegebenenfalls die Überweisung in eine entsprechende Klinik oder Praxis (bei Komplikationen), sollte jederzeit (auch nachts) sichergestellt sein.

Spezielle Anforderungen an die Personalhygiene für das Piercen, Tätowieren und Permanent Make-up durch Kosmetik (Schönheitspflege)-Gewerbetreibende:

1. Bei Arbeiten am Kunden sind immer sterile Einmalhandschuhe zu verwenden.
2. Als Eigenschutz sind gegebenenfalls Schutzbrillen und/oder Mundschutz zu tragen.
3. Kopfhaare des Kunden und des Durchführenden sind gegebenenfalls mit einem geeigneten Schutz vollständig zu verdecken. Langes Kopfhaar ist zusammenzubinden.

4. Durch entsprechende Arbeitskleidung muss eine Übertragung (z.B. im Armbereich) von Infektionserregern verhindert werden.
5. Die Durchführenden müssen gegen Hepatitis B geimpft sein.

Spezielle Anforderungen an die Reinigung/Desinfektion für das Piercen, Tätowieren und Permanent Make-up durch Kosmetik (Schönheitspflege)-Gewerbetreibende:

1. Es sind immer alle kundennahen Bereiche, Arbeitsgeräte und Hilfsmittel z.B. die Behandlungsliegen und Stühle, Stühle für den Durchführenden (Sesselunterseite beachten), Arbeitsflächen, Farbflaschen, Lupenleuchten, Sprüh- und Desinfektionsmittelflaschen, Markierungsstifte (Hautmarker), Einmalfarbbehälter/Farbkappen, vor dem Beginn der Arbeiten am Kunden zu reinigen und mit einem geeigneten alkoholischen Flächendesinfektionsmittel zu desinfizieren (Wischdesinfektion).
2. Ein Informationsblatt zu Stichverletzungen mit infektiösem Material muss im Betrieb aufliegen und den Mitarbeitern dokumentiert zur Kenntnis gebracht werden.

Spezielle Anforderungen an die Arbeitsgeräte für Masseure:

1. Elektroden und deren Umhüllungen müssen leicht zu reinigen und zu desinfizieren sein und dürfen keine schädlichen Stoffe abgeben.
2. APM (Akkupunktmassage)-Stäbchen dürfen nicht aus Holz sein.

Spezielle Anforderungen an die Reinigung/Desinfektion für Masseure:

1. Nach jeder Benützung des Massagetisches muss die Auflage gewechselt werden und es muss die Liegefläche, der Kopfteil und die Massagerolle

gereinigt und mit einem geeigneten alkoholischen Flächendesinfektionsmittel desinfiziert werden (Wischdesinfektion).

2. APM-Stäbchen, Elektroden und deren Umhüllungen, Wärmeträger bei der Balneoanwendung müssen nach jeder Behandlung gereinigt und desinfiziert werden.

Spezielle Anforderungen an die Arbeitsgeräte für Kosmetiker:

1. Elektroden und deren Umhüllungen müssen leicht zu reinigen und zu desinfizieren sein und nach jeder Benützung gereinigt und desinfiziert werden.
2. Die Arbeitsgeräte (z.B. Scheren, Nagelzangen, Hautzangen, Feilen) müssen chemisch und thermische desinfizierbar sein und nach der Anwendung chemisch oder thermisch desinfiziert werden oder es müssen Einmalprodukte verwendet werden, die nach jeder Anwendung ordnungsgemäß zu entsorgen sind.
3. Die Harzpatronen können mehrfach verwendet werden, wenn das Harz vor dem Einsatz mindestens eine Stunde bei Maximaltemperatur in der intakten Ladestation erhitzt worden ist, die Haarentfernung bei intakter Haut durchgeführt wird und die Haut vorgereinigt und mit einem geeigneten Hautdesinfektionsmittel desinfiziert wurde und der Rollaufsatz vor der Anwendung gereinigt und desinfiziert wurde.

Spezielle Anforderungen an die Personalhygiene für Kosmetiker:

1. Bei der Behandlung mit Fruchtsäure müssen Einmalhandschuhe verwendet werden.
2. Bei Schleifarbeiten (z.B. Nagelschleifarbeiten beim Nageldesign) sind als Eigenschutz Schutzbrillen und Mundschutz zu tragen.

Spezielle Anforderungen an die Reinigung/Desinfektion für Kosmetiker:

1. **Kosmetikschwämme und Stoffkompressen müssen nach jedem Gebrauch einer thermischen Desinfektion (Kochwäscheprogramm) zugeführt werden.**
2. **Der Filzring des Vernebelungsstückes des Bedampfungsgerätes muss täglich gereinigt und desinfiziert werden.**
3. **Bei der Verwendung von Pinseln (dekorative Kosmetik), Peelingbürsten (apperative Kosmetik) sind diese nach jeder Anwendung zu reinigen und zu desinfizieren und zu trocknen.**
4. **Bei Schlankheitsbehandlungen sind die Bandagen nach jedem Kunden thermisch zu reinigen und zu desinfizieren (Kochwäscheprogramm). Kunststoffanzüge (z.B. Neoprenanzüge) sind nach jeder Verwendung zu reinigen und zu desinfizieren.**

Spezielle Anforderungen an die Arbeitsgeräte für die Fußpflege:

1. **Die Arbeitsgeräte (z.B. Scheren, Nagelzangen, Hautzangen, Klingenhalter, Hohlhandmeißel, Fräser, Feilen) müssen chemisch oder thermisch desinfizierbar sein und nach der Anwendung chemisch oder thermisch desinfiziert werden oder es müssen Einmalprodukte verwendet werden, die nach jeder Anwendung ordnungsmäßig zu entsorgen sind.**
2. **Es dürfen nur sterilverpackte Einmalklingen verwendet werden.**

Spezielle Anforderungen an die Personalhygiene für Fußpfleger:

1. **Als Eigenschutz sind Schutzbrillen und Mundschutz bei Schleifarbeiten (Nagelschleifarbeiten) zu tragen.**

2. Bei Arbeiten am Kunden in der Fußpflege sind immer Einmalhandschuhe zu tragen.

Spezielle Anforderungen an die Reinigung/Desinfektion für Fußpfleger:

1. Spezielle Fußpflegewannen und die Fußstützen des Behandlungsstuhles sind nach jeder Benützung zu reinigen und zu desinfizieren.
2. Bei der Behandlung von Folgeerscheinungen von Nagelpilzerkrankungen (Staubbelastung und dadurch Verbreitung des Nagelpilzes über die Nagel- und Hautschuppen) ist nach dem Ende der Behandlung eine gründliche Reinigung und Desinfektion aller kontaminierten Flächen (z.B. auch belastete Bereiche des Bodens) vorzunehmen.

Spezielle Anforderungen an die Reinigung/Desinfektion für Shiatsu:

Nach jeder Benützung der Shiatsumatte muss die Liegefläche gereinigt und mit einem geeigneten alkoholischen Flächendesinfektionsmittel desinfiziert werden (Wischdesinfektion) oder die Auflage (Leintuch) gewechselt werden.

Anhang 16: Schönheitspflege – Zugangsvoraussetzungen (Auszug)

Verordnung des Bundesministers für Wirtschaft und Arbeit über die Zugangsvoraussetzungen für das reglementierte Gewerbe der Kosmetik (Schönheitspflege)

BGBl. II Nr. 139/2003 i.d.g.F.

Auf Grund des § 18 Abs. 1 der Gewerbeordnung 1994, BGBl. Nr. 194, zuletzt geändert durch das Bundesgesetz BGBl. I Nr. 111/2002, wird hinsichtlich der §§ 2 und 3 im Einvernehmen mit dem Bundesminister für soziale Sicherheit und Generationen verordnet:

Zugangsvoraussetzungen

§ 1:

(1) Durch die im Folgenden angeführten Belege ist die fachliche Qualifikation zum Antritt des Gewerbes der Kosmetik (Schönheitspflege) (§ 94 Z 42 GewO 1994), ausgenommen Piercen und Tätowieren, als erfüllt anzusehen:

1. **Zeugnis über die erfolgreich abgelegte Befähigungsprüfung oder**
2. **Zeugnisse über eine ununterbrochene dreijährige einschlägige Tätigkeit als Selbstständiger oder als Betriebsleiter (§ 18 Abs. 3 GewO 1994) oder**
3. **Zeugnisse über eine ununterbrochene zweijährige einschlägige Tätigkeit als Selbstständiger oder als Betriebsleiter, sofern für die betreffende Tätigkeit eine vorherige erfolgreich abgeschlossene Ausbildung gemäß Abs. 3 nachgewiesen wird, die staatlich oder von einer zuständigen Berufs- oder Handelsinstitution anerkannt ist, oder**
4. **Zeugnisse über eine ununterbrochene zweijährige einschlägige Tätigkeit als Selbstständiger oder als Betriebsleiter, sofern für die betreffende**

Tätigkeit zusätzlich eine mindestens dreijährige einschlägige Tätigkeit als Unselbstständiger nachgewiesen wird, oder

5. Zeugnisse über eine ununterbrochene dreijährige einschlägige Tätigkeit als Unselbstständiger, sofern für die betreffende Tätigkeit eine vorherige erfolgreich abgeschlossene Ausbildung gemäß Abs. 3 nachgewiesen wird, die staatlich oder von einer zuständigen Berufs- oder Handelsinstitution anerkannt ist.

(2) Die im Abs. 1 Z 2 und 4 geregelten Tätigkeiten dürfen im Zeitpunkt des Einlangens der Gewerbeanmeldung nicht länger als zehn Jahre beendet worden sein.

(3) Ausbildungen nach Abs. 1 Z 3 und 5 sind Folgende:

Studienrichtung Medizin/Humanmedizin/ Zahnmedizin oder Lehrabschlussprüfung im Lehrberuf Kosmetiker (Schönheitspfleger), Ausbildung im gehobenen Dienst für Gesundheits- und Krankenpflege oder eine andere vorher erfolgreich abgeschlossene, staatlich oder von einer zuständigen Berufs- oder Handelsorganisation anerkannte Ausbildung mit vergleichbarer Schwerpunktsetzung.

(4) Unter einer fachlichen Tätigkeit im Sinne des Abs. 1 ist eine hauptberufliche, nicht im Rahmen eines Lehrverhältnisses zurückgelegte Beschäftigung im Rahmen einer befugten Berufsausübung zu verstehen.

Fachliche Qualifikation zum Piercen und Tätowieren

§ 2:

Die fachliche Qualifikation zum Piercen und Tätowieren ist nachzuweisen durch:

1. das Zeugnis über den erfolgreichen Besuch des in der Anlage festgelegten Lehrganges für das Piercen und Tätowieren und
2. das Zeugnis über die erfolgreich abgelegte Befähigungsprüfung für das Piercen und Tätowieren.

Anhang 17: Kosmetiker-Ausbildungsordnung (Auszug)

Verordnung des Bundesministers für wirtschaftliche Angelegenheiten über die Berufsausbildung im Lehrberuf Kosmetiker (Kosmetiker-Ausbildungsordnung)

BGBl. II Nr. 389/2023

Auf Grund der §§ 8 und 24 des Berufsausbildungsgesetzes (BAG), BGBl. Nr. 142/1969, zuletzt geändert durch das Bundesgesetz BGBl. I Nr. 62/2023, wird verordnet:

Lehrberuf Kosmetik (Kosmetologie)

§ 1.

(1) Der Lehrberuf Kosmetik (Kosmetologie) ist mit einer Lehrzeit von drei Jahren eingerichtet.

(2) In den Lehrverträgen, Lehrzeugnissen, Lehrabschlussprüfungszeugnissen und Lehrbriefen ist die Lehrberufsbezeichnung gemäß der in Abs. 1 genannten Bezeichnung anzuführen.

Anhang 18: Solarienverordnung (Auszug)

Verordnung des Bundesministers für wirtschaftliche Angelegenheiten, mit der jene Solarien bezeichnet werden, deren Verwendung für sich allein die Genehmigungspflicht einer gewerblichen Betriebsanlage nicht begründet (Solarienverordnung)

BGBl. Nr. 147/1995 i.d.g.F.

Auf Grund des § 76 Abs. 1 der Gewerbeordnung 1994, BGBl. Nr. 194, zuletzt geändert durch das Bundesgesetz BGBl. Nr. 314/1994, wird vom Bundesminister für wirtschaftliche Angelegenheiten im Einvernehmen mit dem Bundesminister für Umwelt, Jugend und Familie und dem Bundesminister für Arbeit und Soziales verordnet:

§ 1:

Im Sinne dieser Verordnung sind

1. **Solarien Einrichtungen für künstliche Sonnenbäder unter Verwendung von UV-Bestrahlungsgeräten (Z 2);**
2. **UV-Bestrahlungsgeräte Hautbestrahlungsgeräte mit Ultraviolettstrahlen für nicht-medizinische Zwecke.**

§ 2:

Die Verwendung von Solarien, die den in der Anlage angeführten Anforderungen entsprechen und für deren Verwendung die in der Anlage getroffenen Schutzmaßnahmen erfüllt sind, begründet für sich allein nicht die Genehmigungspflicht einer gewerblichen Betriebsanlage.

Anlage:

(...)

Anhang 19: Maßnahmen für Gewerbetreibende bei der Verwendung von Solarien

Verordnung des Bundesministers für Wirtschaft, Familie und Jugend, mit der Maßnahmen festgelegt werden, die Gewerbetreibende bei Verwendung von Solarien zur Vermeidung einer Gefährdung von Leben oder Gesundheit von Menschen zu setzen haben (Auszug)

BGBl. II Nr. 106/2010 i.d.g.F.

Auf Grund des § 69 Abs. 1 der Gewerbeordnung 1994, BGBl. Nr. 194, zuletzt geändert durch das Bundesgesetz BGBl. I Nr. 8/2010, wird verordnet:

§ 1:

Gewerbetreibende, die Solarien im Sinne des § 1 Z 1 der Solarienverordnung, BGBl. II Nr. 147/1995, im Rahmen ihres Gewerbebetriebes betreiben oder zur Benutzung zur Verfügung stellen, haben durch geeignete Maßnahmen, die sich nicht auf einen bloßen Hinweis, wie etwa das Aufstellen eines Verbotsschildes, beschränken dürfen, sicherzustellen, dass Personen vor Vollendung des achtzehnten Lebensjahres diese Solarien nicht benützen. Geeignete Maßnahmen sind beispielsweise das Feststellen des Alters an Hand eines amtlichen Lichtbildausweises oder einer speziellen Jugendkarte, die nach den jeweiligen landesrechtlichen Vorschriften dem Nachweis des Alters dient, das Ausgeben von Zutrittskarten oder Zutrittscodes an Personen, die nachweislich das achtzehnte Lebensjahr vollendet haben, oder ähnliche Maßnahmen, die sicherstellen, dass die betreffenden Solarien von Personen, die das achtzehnte Lebensjahr noch nicht vollendet haben, nicht benützt werden.

Anhang 20: ÄsthOp-VO 2013

Verordnung der Österreichischen Ärztekammer über Qualifikationen und einen Operationspass für ästhetische Operationen (ÄsthOp-VO 2013)

- Konsolidierte Fassung der ÖÄK-ÄsthOp-VO 2013 in der Fassung der 3. Novelle, in Kraft seit 01.01.2025
- Stammfassung beschlossen von der Vollversammlung der Österreichischen Ärztekammer am 14.12.2012 im Rahmen des 126. Österreichischen Ärztekammertages;
- Novelle beschlossen von der Vollversammlung der Österreichischen Ärztekammer am 21.06.2013 im Rahmen des 127. Österreichischen Ärztekammertages.
- Novelle beschlossen von der Vollversammlung der Österreichischen Ärztekammer am 13.12.2019 im Rahmen des 140. Österreichischen Ärztekammertages.
- Novelle beschlossen von der Vollversammlung der Österreichischen Ärztekammer am 13.12.2024 im Rahmen des 150. Österreichischen Kammertages.

1. Abschnitt

Geltungsbereich

§ 1. Diese Verordnung regelt Näheres über

1. **die Berechtigung zur Durchführung von ästhetischen Operationen durch Fachärztinnen (Fachärzte) gemäß § 4 Abs. 5 Z 2 ÄsthOpG,**
2. **Verfahren zur Erlangung der Berechtigung zur Durchführung von ästhetischen Operationen für Ärztinnen (Ärzte) für Allgemeinmedizin gemäß § 4 Abs. 5 Z 3 ÄsthOpG,**
3. **weitere über § 4 Abs. 1 ÄsthOpG hinausgehende ästhetische Operationen (§ 4 Abs. 5 Z 1 ÄsthOpG),**
4. **Form und Inhalt des Operationspasses gemäß § 9 Abs. 1 und 2 ÄsthOpG.**

Begriffsbestimmungen

§ 1a. „Richtzahl" bezeichnet jene Anzahl je ästhetische Operation, die unter Berücksichtigung der jeweiligen Anlagen von der Ärztin (vom Arzt) für Allgemeinmedizin selbständig unter Anleitung und Aufsicht durchgeführt werden muss.

ÄsthOp-Kommission

§ 1b. (1) Zur Beratung der Präsidentin/des Präsidenten der Österreichischen Ärztekammer in Angelegenheiten des § 1 Z 2 und zur fachlichen Beurteilung der Angelegenheiten des § 1 Z 3 ist ein beratender Ausschuss gemäß § 124 ÄrzteG 1998 bestehend aus

1. einer/einem Vorsitzenden, die/der im Bereich der ästhetischen Medizin tätig sowie berechtigt ist, ästhetische Operationen durchzuführen,
2. je einer Vertreterin/einem Vertreter der in den Anlagen 1 bis 7 angeführten Sonderfächer auf Vorschlag der jeweiligen Bundesfachgruppe,
3. einer Vertreterin/einem Vertreter der Bundesfachgruppe Plastische, Rekonstruktive und Ästhetische Chirurgie auf Vorschlag der Bundesfachgruppe,
4. einer Vertreterin/einem Vertreter der Bundessektion Allgemeinmedizin auf Vorschlag der Bundessektion sowie
5. einer/einem von der Bundesministerin/vom Bundesminister für Gesundheit nominierten ärztlichen Vertreterin/Vertreter, die/der eine Qualifikation für ein Sonderfach gemäß Z 2 oder Z 3 oder die Qualifikation zur Ärztin/zum Arzt für Allgemeinmedizin besitzt,

einzurichten (ÄsthOp-Kommission), wobei die konkrete Zusammensetzung zur Beratung zu einem Antrag gemäß § 3 Abs. 3 bzw. zur fachlichen Beurteilung gemäß § 3a Abs. 2 erfolgt. Alle Kommissionsmitglieder ausgenommen die Person gemäß Z 5 sind vom Vorstand der Österreichischen Ärztekammer zu bestellen. Die

Bestellung läuft parallel zur Funktionsperiode des Vorstandes der Österreichischen Ärztekammer, bleibt jedoch bis zur Vornahme von Neubestellungen aufrecht. Wiederbestellungen sind möglich.

(2) Die Kommission fasst ihre Beschlüsse mit einfacher Stimmenmehrheit. Bei Stimmengleichheit entscheidet die Stimme der/des Vorsitzenden. Umlaufbeschlüsse sind zulässig. Die/Der Vorsitzende hat das Ergebnis der Beratung bzw. Beurteilung schriftlich festzuhalten.

Durchführung von ästhetischen Operationen durch Fachärztinnen (Fachärzte)

§ 2. (1) Ästhetische Operationen sind in den Anlagen 1 bis 7 dem jeweiligen Sonderfach unabhängig von der Operationsmethode zugeordnet. Die Entwicklung und Anwendung neuer medizinischer Methoden und Operationen im Bereich der ästhetischen Medizin im Sinne von § 8c KaKuG bleibt durch diese Verordnung unberührt.

(2) Fachärztinnen (Fachärzte) eines in den Anlagen 1 bis 7 genannten Sonderfaches, denen eine oder mehrere der in der jeweiligen Anlage angeführten ästhetischen Operationen zugeordnet sind, sind berechtigt, diese ästhetischen Operationen durchzuführen. Sie haben sich bei der Ausübung ihres Berufes auf jene ästhetischen Operationen und Behandlungsmethoden zu beschränken, auf denen sie ausreichende Kenntnisse, Erfahrungen und Fertigkeiten erworben haben.

(3) Fachärztinnen (Fachärzte) anderer Sonderfächer, die in den Anlagen 1 bis 7 nicht genannt sind oder denen die in der jeweiligen Anlage angeführte ästhetische Operation nicht zugeordnet ist, dürfen diese Eingriffe nicht durchführen.

(4) Die Österreichische Ärztekammer hat Fachärztinnen (Fachärzten) auf Verlangen eine Bestätigung auszustellen, welche ästhetischen Operationen sie gemäß Abs. 1 und 2 durchführen dürfen.

Durchführung von einzelnen ästhetischen Operationen durch Ärztinnen (Ärzte) für Allgemeinmedizin

§ 3. (1) Die Präsidentin/der Präsident der Österreichischen Ärztekammer hat nach Maßgabe der Bestimmungen dieser Verordnung Ärztinnen/Ärzte für Allgemeinmedizin zur Durchführung von einzelnen ästhetischen Operationen gemäß § 3 Abs. 1 Z 1 ÄsthOpG zu berechtigen. Die Berechtigung kann sich nur auf Eingriffe beziehen, die in den Anlagen 1 bis 7 angeführt sind oder unter das Sonderfach Plastische, Rekonstruktive und Ästhetische Chirurgie fallen.

(2) Anträge auf Erteilung einer Berechtigung zur Durchführung einzelner genau bezeichneter ästhetischer Operationen sind bei der Österreichischen Ärztekammer einzubringen und haben entsprechende Unterlagen zu enthalten, mit denen die Aus-, Fort- oder Weiterbildung und gleichwertigen Kenntnisse, Erfahrungen und Fertigkeiten in Inhalt und Umfang der Facharztausbildung des jeweiligen Sonderfaches nachgewiesen werden. Dem Antrag sind Nachweise beizulegen, aus denen sich die eigenständige Durchführung der jeweils beantragten ästhetischen Operation unter Aufsicht durch dazu berechtigte Fachärztinnen/Fachärzte iSd § 4 Abs. 3 Z 1 und 2 ÄsthOpG ergibt. Dafür sind die in den Anlagen 1 bis 7 jeweils ausgewiesenen Richtzahlen nachzuweisen. Die jeweilige Operation muss an einer anerkannten Ausbildungseinrichtung gemäß § 3 Abs. 3 ÄrzteG 1998 (ausgenommen Lehr(gruppen-)praxen und Lehrambulatorien für Allgemeinmedizin) durchgeführt worden sein.

(3) Zur Beratung der Präsidentin/des Präsidenten zu Anträgen gemäß Abs. 2 kann die ÄsthOp- Kommission befasst werden. Die Kommission setzt sich im einzelnen Verfahren aus der/dem Vorsitzenden, der Vertreterin/dem Vertreter gemäß § 1b Abs. 1 Z 2, welche/welcher entsprechend ihres/seines Sonderfachs berechtigt ist, jene ästhetische Operation durchzuführen, für die die

Berechtigung zur Durchführung beantragt wurde, sowie der Vertreterin/dem Vertreter gemäß § 1b Abs. 1 Z 3, Z 4, Z 5 zusammen.

(4) Erfüllt die Ärztin (der Arzt) für Allgemeinmedizin die Voraussetzungen für die Durchführung der beantragten ästhetischen Operation, so hat die Präsidentin (der Präsident) der Österreichischen Ärztekammer die Ärztin (den Arzt) für Allgemeinmedizin zu der entsprechenden ästhetischen Operation zu berechtigen.

(5) Die Österreichische Ärztekammer hat Ärztinnen (Ärzten) für Allgemeinmedizin eine Bestätigung darüber auszustellen, welche ästhetischen Operationen sie durchführen dürfen.

(6) Die Berechtigung gemäß Abs. 4 ist zurückzunehmen oder einzuschränken, wenn nachträglich Umstände hervorkommen, dass eine oder mehrere für die Berechtigung erforderliche Voraussetzungen schon ursprünglich nicht bestanden haben.

(7) Das Erlöschen der Berechtigung zur Ausübung des ärztlichen Berufes hat auch das Erlöschen der Berechtigung gemäß Abs. 4 zur Folge. In diesem Fall hat die Österreichische Ärztekammer die Ärztin (den Arzt) auch von ihrer Webseite (§ 4 Abs. 6 ÄsthOpG) zu streichen.

Fachliche Bewertung als ästhetische Operation

§ 3a. (1) Die Österreichischen Ärztekammer hat im übertragenen Wirkungsbereich festzulegen, welche ärztliche Tätigkeit (§ 2 Abs. 2 ÄrzteG 1998) als ästhetische Operation gemäß § 3 Abs. 1 Z 1 ÄsthOpG zu qualifizieren ist. Tätigkeiten, die aufgrund der Gewerbeordnung 1994, BGBl. Nr. 194/1994, erbracht werden, bleiben davon unberührt.

(2) Für die fachliche Beurteilung von Angelegenheiten gemäß Abs. 1 sind alle Mitglieder der ÄsthOp- Kommission beizuziehen.

(3) Gleichzeitig mit der Einordnung einer ärztlichen Tätigkeit als ästhetische Operation ist von der ÄsthOp-

Kommission eine Empfehlung für eine Richtzahl für Verfahren gemäß § 3 Abs. 1 vorzuschlagen.

2. Abschnitt

Operationspass

§ 4. (1) Der Operationspass ist gemäß dem Muster der Anlage 8 herzustellen. Jede Eintragung im Operationspass ist von der behandelnden Ärztin (dem behandelnden Arzt) mit Unterschrift zu bestätigen. Der Operationspass ist der Patientin (dem Patienten) auszuhändigen.

(2) Der Operationspass hat zumindest folgende Angaben zu enthalten:

1. Vorname und Familien- oder Nachname, Geburtsdatum und gegebenenfalls Sozialversicherungsnummer der Patientin/des Patienten,
2. Name und Qualifikation der behandelnden Ärztin/des behandelnden Arztes,
3. Datum und Grund der ersten sowie aller folgenden ärztlichen Konsultationen, sowie gegebenenfalls der Abklärung gemäß § 5 Abs. 2 ÄsthOpG oder § 7 Abs. 2 ÄsthOpG,
4. Datum der jeweiligen Aufklärung,
5. Datum der jeweiligen Einwilligung,
6. Datum der jeweiligen ästhetischen Operation,
7. Art der jeweiligen ästhetischen Operation und
8. gegebenenfalls Bezeichnung, Art und Typ, Loscode oder Seriennummer des Implantats samt Namen und Anschrift des Herstellers und des Vertreibers.

(2) Zusätzlich kann der Operationspass in anderen Sprachen zur Verfügung gestellt werden. Der Inhalt darf dadurch nicht verändert oder gekürzt werden.

3. Abschnitt

Schluss- und Übergangsbestimmungen

§ 5. (1) Personen, die eine Ausbildung zur Fachärztin (zum Facharzt) für Chirurgie

1. **vor der Einführung des Sonderfaches für Plastische Chirurgie, BGBl. Nr. 362/1988, oder**
2. **nach den Bestimmungen der Ärzte-Ausbildungsordnung 1994, BGBl. Nr. 152/1994, oder der Ärzte-Ausbildungsordnung 1974, BGBl. Nr. 36/1974, abgeschlossen haben, sind berechtigt, ästhetische Operationen im Umfang der Fachärztinnen (Fachärzte) gemäß § 4 Abs. 3 Z 1 ÄsthOpG durchzuführen.**

(2) Personen, die vor dem Inkrafttreten des Bundesgesetzes über die Durchführung von ästhetischen Behandlungen und Operationen (ÄsthOpG), BGBl. I Nr. 80/2012, eine Ausbildung zur Fachärztin/zum Facharzt für Mund-, Kiefer- und Gesichtschirurgie abgeschlossen haben, sind berechtigt, Operationen an Ober- und Unterlidern durchzuführen.

(3) Fachärztinnen/Fachärzte für Augenheilkunde und Optometrie, Chirurgie, Frauenheilkunde und Geburtshilfe, Hals-, Nasen- und Ohrenkrankheiten, Haut- und Geschlechtskrankheiten, Mund-, Kiefer- und Gesichtschirurgie sowie Urologie, die eine Ausbildung gemäß ÄAO 2006 in der Fassung BGBl. II, Nr. 259/2011 abgeschlossen haben, sind berechtigt, ästhetische Operationen in der Fassung der 1. Novelle zur ÄsthOp-VO 2013 durchzuführen.

(4) Fachärztinnen/Fachärzte für Augenheilkunde und Optometrie, Chirurgie, Hals-, Nasen- und Ohrenkrankheiten, Haut- und Geschlechtskrankheiten und Mund-, Kiefer- und Gesichtschirurgie, die eine Ausbildung gemäß ÄAO 2006 in der Fassung BGBl. II Nr. 259/2011 abgeschlossen haben, sind berechtigt, die ästhetische Operation Fadenlifting durchzuführen.

(5) Personen, die gemäß § 262 ÄrzteG 1998 in der Fassung BGBl. I Nr. 21/2024 die Bezeichnung „Fachärztin/Facharzt für Allgemeinmedizin und Familienmedizin" erworben haben, sind Ärztinnen/Ärzten mit allgemeinmedizinischer Berufsberechtigung in dieser Verordnung gleichgestellt.

Übergangsbestimmung zum Erwerb der Berechtigung zur Durchführung der ästhetischen Operation Fadenlifting

§ 5a. Ärztinnen/Ärzte für Allgemeinmedizin, die die ästhetische Operation Fadenlifting in den letzten drei Jahren vor Inkrafttreten der 3. Novelle dieser Verordnung in selbständiger Berufsberechtigung durchgeführt haben, sind berechtigt, diese weiterhin vorzunehmen, sofern sie längstens bis zum Ablauf des 31. Dezember 2025 bei der Österreichischen Ärztekammer einen Antrag auf Erlangung der Berechtigung zur Durchführung der ästhetischen Operation Fadenlifting gestellt haben. Im Rahmen eines Verfahrens nach § 4 Abs. 3 Z 3 ÄsthOpG iVm § 3 sind nach Maßgabe der vorgesehen Richtzahl Nachweise zu erbringen, wo bzw. wie die Kenntnisse, Erfahrungen und Fertigkeiten für die Durchführung der ästhetische Operation Fadenlifting erworben und wie viele dieser Eingriffe in den letzten drei Jahren vor Antragstellung durchgeführt wurden.

Inkrafttreten

§ 6. (1) Die ÄsthOp-VO 2013 tritt mit 1. Jänner 2013 in Kraft.

(2) Die 1. Novelle zur ÄsthOp-VO 2013 tritt mit 2. Juli 2013 in Kraft.

(3) Die 2. Novelle zur ÄsthOp-VO 2013 tritt mit 1. Jänner 2020 in Kraft.

(4) Die 3. Novelle zur ÄsthOp-VO 2013 tritt mit 1. Jänner 2025 in Kraft.

Der Präsident

Anlage 1
Sonderfach Augenheilkunde und Optometrie

	Richtzahl
Brauenoperation	5
Eigenfetttransfer (Lipofilling) am Auge, Dermisfettgraft am Auge und in der Augenhöhle	5
Eingriffe bei Anophthalmus bzw. post enucleation socket syndrome (sogenannte „socket surgery“ mit oder ohne Transplantat oder Orbitaimplantat)	2
Entfernung gutartiger Hautläsionen im okulären und periokulären Bereich (chirurgisch oder mit ablativem Laser)	30
Epikanthus-, Telekanthusoperationen und Kanthoplastik	30
Fadenlifting	8
Fettgewebsprolapsentfernung periokulär und orbital	20
Ober- und Unterlidoperation	50
Stirnlift	5
Zilientransplantation	5

Anlage 2
Sonderfach Allgemeinchirurgie und Viszeralchirurgie, Sonderfach Allgemeinchirurgie und Gefäßchirurgie

	Richtzahl
Bauchstraffung (Abdominoplastik)	5
Bruststraffung (Mastopexie)	5
Brustvergrößerung (Mammaaugmentation) und Brustverkleinerung (Mammareduktion)	5
Eigenfetttransfer (Lipofilling) im Bauch-, Brust-, Gesäß- und Extremitätenbereich	5

Entfernung von Xanthelasmen (chirurgisch oder mit ablativem Laser), ausgenommen okulär	5
Fadenlifting	8
Fettabsaugung (Liposuction) Bauch, Brust, Gesäß und Extremitätenbereich	5

Anlage 3
Sonderfach Frauenheilkunde und Geburtshilfe

	Richt zahl
Bruststraffung (Mastopexie)	5
Brustvergrößerung (Mammaaugmentation) und Brustverkleinerung (Mammareduktion)	5
Eigenfetttransfer (Lipofilling) an weiblichen Genitalen sowie an Brust, Bauch und Gesäß	5
Fettabsaugung (Liposuction) an weiblichen Genitalen sowie an Brust, Bauch und Gesäß	5
Ästhetische Operationen an den äußeren Geschlechtsorganen der Frau	40
Hymenrekonstruktion	
Labienoperation und Labienplastik	
Vaginoplastik	

Anlage 4
Sonderfach Hals-, Nasen- und Ohrenheilkunde

	Richt zahl
Auflagerungsplastik, Gesichtsimplantat	5
Eigenfetttransfer (Lipofilling) oberhalb des Schlüsselbeins	5
Entfernung von Xanthelasmen (chirurgisch oder mit ablativem Laser) im Hals- und Gesichtsbereich,ausgenommen okulär	5

Facelift (Rhytidektomie)	**5**
Fadenlifting	**8**
Fettabsaugung (Liposuction) oberhalb des Schlüsselbeins	**5**
Halslift	**5**
Kinnplastik (Genioplastik)	**10**
Nasenplastik (Rhinoplastik)	**50**
Operation abstehender Ohren (Otoplastik)	**5**

Anlage 5
Sonderfach Haut- und Geschlechtskrankheiten

	Richt zahl
Brauenoperation	**5**
Eigenfetttransfer (Lipofilling)	**5**
Entfernung von Xanthelasmen (chirurgisch oder mit ablativem Laser), ausgenommen okulär	**5**
Fadenlifting	**8**
Fettabsaugung (Liposuction)	**5**
Haartransplantation	**5**
Halslift und Mini Facelift	**5**
Lippenoperation (Lippenvergrößerung, Lippenaufpolsterung)	**5**
Oberarmstraffung (Brachioplastik)	**5**
Oberschenkelstraffung (Dermolipektomie)	**5**
Ober- und Unterlidoperation	**50**

Anlage 6
Sonderfach Mund-, Kiefer- und Gesichtschirurgie

	Richt zahl
Auflagerungsplastik, Gesichtsimplantat	5
Brauenoperation	5
Eigenfettentnahme im Gesichtsbereich	5
Eigenfetttransfer (Lipofilling) im Gesichtsbereich	5
Korrektur von Xanthelasmen (chirurgisch oder mit ablativem Laser) im Gesichtsbereich, ausgenommen okulär und periokulär	5
Facelift (Rhytidektomie)	5
Fadenlifting	8
Kinnplastik (Genioplastik)	10
Liposuction im Gesichtsbereich	5
Lippenoperation (Lippenvergrößerung, Lippenaufpolsterung)	5
Nasenplastik (Rhinoplastik)	50
Ober- und Unterlidoperation	50

Anlage 7
Sonderfach Urologie

	Richt zahl
Hodenprothese	10
Penisvergrößerung	10

Anlage 8
Operationspass

Gemäß § 9 ÄsthOpG

Ausgestellt für:

Vorname

Nachname

Geburtsdatum Sozialversicherungsnummer

Konsultationen

Datum	Grund	Name, Qualifikation, Unterschrift Ärztin(Arzt)	Unterschrift Patient(in)

Art der Operation

Datum	Aufklärung	Einwilligung	Operation

Unter-schrift	Ärztin(Arzt)	Patient(in)

Art der Operation

Datum	Aufklärung	Einwilligung	Operation

Unter-schrift	Ärztin(Arzt)	Patient(in)

Aufklärung gem. § 5 Abs 2 ÄsthOpG	Name, Qualifikation, Unterschrift

Konsultationen

Datum	Grund	Name, Qualifikation, Unterschrift Ärztin(Arzt)	Unterschrift Patient(in)

Art der Operation

	Aufklärung	Einwilligung	Operation
Datum			

	Ärztin(Arzt)	Patient(in)
Unter-schrift		

Art der Operation

	Aufklärung	Einwilligung	Operation
Datum			

	Ärztin(Arzt)	Patient(in)
Unter-schrift		

Aufklärung gem. § 5 Abs 2 ÄsthOpG	Name, Qualifikation, Unterschrift

Konsultationen

Datum	Grund	Name, Qualifikation, Unterschrift Ärztin(Arzt)	Unterschrift Patient(in)

Art der Operation

Datum	Aufklärung	Einwilligung	Operation

Unter-schrift	Ärztin(Arzt)	Patient(in)

Art der Operation

Datum	Aufklärung	Einwilligung	Operation

Unter-schrift	Ärztin(Arzt)	Patient(in)

Aufklärung gem. § 5 Abs 2 ÄsthOpG	Name, Qualifikation, Unterschrift

Nur bei Minderjährigen (16-18) gem. § 7 ÄshOpG auszufüllen:

Konsultationen/ästhetische Behandlung

Datum	Grund	Name, Qualifikation, Unterschrift Ärztin(Arzt)	Unterschrift Patient(in)/ Erziehungsberechtigte®

Nur bei Minderjährigen (16-18) gem. § 7 ÄshOpG auszufüllen:

Aufklärung gem. § 5 Abs 2 ÄsthOpG	Name, Qualifikation, Unterschrift

Art der Operation

Datum	Aufklärung	Einwilligung	Operation
Unterschrift	Ärztin(Arzt)	Patient(in)	Erziehungsberechtigte®

Sonstige (ärztliche) Anmerkungen

Informationen zu Implantaten

(ersetzt nicht einen allfälligen Implantatpass)

Hersteller		Adresse
Vertreiber		Adresse
Bezeichnung	Art	Typ
Loscode/Seriennummer		

Informationen zu Implantaten

(ersetzt nicht einen allfälligen Implantatpass)

Hersteller	Adresse

Vertreiber	Adresse

Bezeichnung	Art	Typ

Loscode/Seriennummer

Sonstige (ärztliche) Anmerkungen

Hinweise

Die Kosten der ästhetischen Operation werden nicht von einem inländischen Träger der Sozialversicherung oder der Krankenfürsorge übernommen und sind von der Patientin (dem Patienten) zu tragen.

Eine Frist von zumindest zwei Wochen ist zwischen der abgeschlossenen ärztlichen Aufklärung und der Einwilligung einzuhalten.

Bitte bewahren Sie den Operationspass sorgfältig auf. Der Operationspass ist zur Eintragung jeder weiteren Konsultation iZm der ästhetischen Operation der betreuenden Ärztin (dem betreuenden Arzt) vorzulegen.

Dieser Operationspass ersetzt nicht gesetzliche Dokumentationspflichten (z.B. ÄsthOpG, ÄrzteG).

Anmerkungen:

1 Die Stammfassung wurde von der Vollversammlung der Österreichischen Ärztekammer am 14.12.2012 im Rahmen des 126. Österreichischen Ärztekammertages beschlossen; die 1. Novelle von der Vollversammlung der Österreichischen Ärztekammer am 21.06.2013 im Rahmen des 127. Österreichischen Ärztekammertages; die 2. Novelle von der Vollversammlung der Österreichischen Ärztekammer am 13.12.2019 im Rahmen des 140. Österreichischen Ärztekammertages.

2 Die Anlagen der ÄsthOp-VO 2013 sollen um Richtzahlen erweitert werden. Die Höhe der einzelnen Richtzahlen wird in den Erläuterungen nicht begründet; ebenso wenig werden die (wissenschaftlichen) Grundlagen dargelegt. Aus Sicht des RH ist daher im Einzelnen nicht nachvollziehbar, warum bei Eingriffen teilweise Richtzahlen von z.B. 1, 2 oder 5 ausreichen, um eine Allgemeinmedizinerin (einen Allgemeinmediziner) zur Durchführung dieser Eingriffe zu befähigen/berechtigen. Der RH regt daher ergänzende Erläuterungen bzw. eine Überprüfung der Richtzahlen an. (Aus einem Schreiben des Rechnungshofes Österreich vom 31.10.2019, GZ 302.140/003–P1–3/19, an die Österreichische Ärztekammer im Begutachtungsverfahren.)

Anhang 21: Allgemeine Bedingungen für die Unfallversicherung 2021 (AUVB 2022) (Auszug)

Verband der Versicherungsunternehmen Österreich – Musterbedingung

Artikel 4 Z 8:

(...) nicht versichert sind:

Gesundheitsschäden, die durch Heilmaßnahmen oder Eingriffe am Körper der versicherten Person entstehen. Versicherungsschutz besteht jedoch, wenn die Heilmaßnahmen oder Eingriffe durch einen vom Versicherungsschutz umfassten Unfall medizinisch bedingt waren.

Beispiel: AGB/Oberösterreichische Versicherung (Auszug):

Kosmetische Operationen

Als kosmetische Operationen gelten solche Operationen, die notwendig werden, weil durch einen Unfall die Körperoberfläche der versicherten Person derart verunstaltet wurde, dass nach Abschluss der Heilbehandlung das äußere Erscheinungsbild der versicherten Person dauernd beeinträchtigt ist. Unterzieht sich die versicherte Person nach Abschluss der Heilbehandlung zur Beseitigung dieser Folgen einer oder mehrerer kosmetischen Operationen, übernehmen wir im Rahmen der Versicherungssumme die tatsächlich aufgewendeten Kosten für Arzthonorar, Medikamente und ärztlich verordnete Heilmittel sowie die Kosten für die Unterbringung und Verpflegung im Spital. Die Kosten für kosmetische Operationen ersetzen wir, wenn diese innerhalb von drei Jahren, vom Unfalltag an gerechnet, entstehen und soweit nicht von einem Sozialversicherungsträger oder von einem Dritten Ersatz zu leisten ist. Bei der Mitwirkung von Krankheiten oder Gebrechen mindert sich die Leistung entsprechend

Artikel 18, Pkt. 1 und 2 der dem Vertrag zugrunde liegenden Allgemeinen Bedingungen für die Unfallversicherung (AUVB).

Ästhetische Verunstaltung

Entsteht innerhalb von vier Jahren vom Unfalltag an gerechnet als Folge des Unfalles eine schwere, nicht durch kosmetische Operationen behebbare Entstellung des Gesichtes (wie z.B. Narben), die eine eindeutige Erschwerung des wirtschaftlichen Fortkommens oder eine schwere psychische Belastung des Versicherten zur Folge hat, so liegt eine ästhetische Verunstaltung vor. Wir erbringen für diese ästhetische Verunstaltung eine Leistung in Höhe von 5 % der vereinbarten und auf der Polizze angeführten Versicherungssumme für Dauernde Invalidität nur dann, wenn sonst kein Anspruch auf eine Leistung für Dauernde Invalidität gemäß Artikel 7, Punkt 2 der dem Vertrag zugrundeliegenden AUVB besteht.

Anmerkungen:

1 Die Verwendung der unverbindlichen Musterbedingungen des Verbandes der Versicherungsunternehmen Österreichs durch die Versicherungsunternehmen ist rein fakultativ. Die Versicherungsunternehmen haben die Möglichkeit, davon zur Gänze abzuweichen und/oder mit ihren Kunden bzw. Kundinnen einzelne Klauseln zu vereinbaren, die nicht mit den Musterbedingungen übereinstimmen.

2 Einzelne Versicherungsunternehmen (wie im obigen Beispiel die Oberösterreichische Versicherung) haben von diesem Recht Gebrauch gemacht und wie gezeigt detaillierte Bedingungen für ästhetische Operationen ausgearbeitet.

Literaturverzeichnis

In der Folge wird – mit Ausnahme ausgewählter Standardwerke – grundsätzlich nur spezielle Literatur zu Rechtsfragen ästhetischer/kosmetischer Operationen angeführt. Auf die Fülle rechtswissenschaftlicher Literatur zum (allgemeinen) Gesundheitsrecht sowie medizinwissenschaftlicher Literatur zu ästhetischen/kosmetischen Operationen wird hingegen nur vereinzelt verwiesen.

1. Standardwerke

Aigner/Kletecka/Kletecka-Pulker/Memmer (Hg.), Handbuch Medizinrecht für die Praxis, Wien 2003 – 37. Erg.-Lfg. 2024

Barth/Ganner (Hg.), Handbuch des Erwachsenenschutzrechts[3], Wien 2019

Berka/Binder/Kneihs, Die Grundrechte[2], Wien 2019

Bertel/Schwaighofer/Venier, Österreichisches Strafrecht, Besonderer Teil I[16], Wien 2023

Böhler, Sozialversicherungsrechtliche Modifikationen des Schadenersatzrechts, in: *Tomandl/Felten* (Hg.), System des österreichischen Sozialversicherungsrechts, Wien 1980 – 41. Erg.-Lfg. 2024

Grünwald/Hauser/Pasrucker, Privates Wirtschaftsrecht[7], Wien 2019

Hauser/Hense-Lintschnig u.a., Gesundheitsrecht[5], Wien 2024

Mayer/Kucsko-Stadlmayer/Stöger, Bundesverfassungsrecht[11], Wien 2015

Rabl, Produkthaftungsgesetz, Wien 2016

Resch/Wallner (Hg.), Handbuch Medizinrecht[3], Wien 2020

Riesz, in: *Ennöckl/Raschauer/Wessely* (Hg.), Kommentar zur Gewerbeordnung. Bd. 2, Wien 2015, Anm. zu § 109 GewO

Schorn, Grundzüge des Erwachsenenschutzrechts[2], Wien 2018

Sladecek/Marzi u.a., Recht für Gesundheitsberufe[11], Wien 2024

Stärker, Gesundheitsrecht von A bis Z, Wien 2010

Stock, Gesundheitsrecht im Alltag, Wien 2008

Weitzenböck, in: *Schwimann/Neumayr* (Hg.), ABGB. Taschenkommentar[5], Wien 2021, Anm. zu § 173

Wenda/Kierein/Lanske (Hg.), Gesundheitsrecht. Jahrbuch 2012, Wien 2012

2. Spezielle Literatur

2.1 Österreich

Beig, Tätowieren und Piercings Minderjähriger im österreichischen Recht, EF-Z 2009, 86

Bernat, Die rituelle Beschneidung nichteinwilligungsfähiger Knaben, EF-Z 2012, 196

Blum, Ärztliche Tätigkeit und Werbung, in: *Boninsegna/Ernst/Schrader* (Hg.), Ärztliche Tätigkeit und Recht, Wien 2021

Büchel, Schönheitseingriffe bei Minderjährigen und ihre rechtlichen Voraussetzungen, JMG 2023, 24

Dullinger, Mitwirkungspflichten des Patienten im Rahmen der ärztlichen Behandlung, RdM 2012, 222

Eckstein, Wa(h)re Schönheit, juridikum 2010, 370

Gaisbauer, Die ärztliche Aufklärungspflicht bei kosmetischen Eingriffen, ÖJZ 1993, 25

Haberl, Kinderrechte – eine zivilrechtliche Analyse, Wien 2007

Hauser, Ärzt*in im Wettbewerb(srecht) I: Maßgebliche Rechtsgrundlagen für den ärztlichen Wettbewerb, JMG 2024, 160

Hauser, Ärzt*in im Wettbewerb(srecht) II: Ausgewählte Praxisfälle i.Z.m. dem Wettbewerb unter Ärzt*innen, JMG 2024, 253

Hauser, Universitäre Studienplanung, Wien 1995

Holzer, Zur Frage der Abgrenzung zwischen ÄsthOpG und GewO 1994, ZfG 2018, 4

Kletecka-Pulker, Rechtsgrundlagen der Behandlung, in: *Aigner/Kletecka/Kletecka-Pulker/Memmer* (Hg.), Handbuch Medizinrecht für die Praxis, Wien 2003 – 37. Erg.-Lfg. 2024

Klingenschmid, Ästhetische Behandlungen und Operationen, Innsbruck 2015

Kopetzki, Beschneidung vor das Strafgericht? Editorial RdM 2012, 121

Kröll, Art 17 Abs. 1 StGG, in: *Kneihs/Lienbacher* (Hg.), Rill-Schäffer-Kommentar zum Bundesverfassungsrecht, Wien 1998 – 24. Erg.-Lfg. 2020

Maleczky, ÄsthOpG, in: *Neumayr/Resch/Wallner* (Hg.), Gmundner Kommentar zum Gesundheitsrecht[2], Wien 2022 (Stand: 01.01.2022; rdb.at)

Pitzl/Huber, Aufklärungs-, Einwilligungs- und Informationspflichten nach dem ÄsthOpG, RdM 2014, 85

Prankl, Bildnisschutz und ärztliches Berufsrecht RdM 2018, 8

Pschyrembel, Klinisches Wörterbuch[269], Berlin 2023

Resch, Wirtschaftliche Aufklärungspflicht und Behandlungsvertrag, RdM 2014, 321

Schinkele, Beschneidung eines nicht einwilligungsfähigen Knaben, RdM 2012, 189

Sparl, (Medizin-)rechtliche Fragen der Zahnmedizin, Wien 2009

Staffe-Hanacek/Weitzenböck, Kinder- und Jugendhilferecht, Wien 2015

Wallner, Berufsrecht der Ärzte, in: *Resch/Wallner* (Hg.), Handbuch Medizinrecht[3], Wien 2020

Wallner, Beschneidung von nicht einwilligungsfähigen Knaben, RdM 2012, 227

Wallner, Die Indikation, RdM 2017/69

Weiss, ÄsthOpG, Wien 2014

Wenger/Winkler, Die Freiheit der Wissenschaft und ihrer Lehre, Wien 1974

2.2 Deutschland

Arbeitsgemeinschaft Rechtsanwälte im Medizinrecht e.V. (Hg.), Lifestyle-Medizin – von der medizinischen Indikation zum modischen Trend, Berlin 2012

Borkenhagen/Stirn/Brähler (Hg.), Handbuch Körpermodifikationen. Praktischer Leitfaden für Ärzte, Psychologen, Betreuer und Berater, Berlin 2013

Herzberg, Steht dem biblischen Gebot der Beschneidung ein rechtliches Verbot entgegen? MedR 2012, 169

Joschko, Schönheitsoperationen – Das Spannungsverhältnis zwischen gesellschaftlichen Normen und individueller Entscheidungsfreiheit am Beispiel von Schönheitsoperationen, München 2012

Lorz, Arzthaftung bei Schönheitsoperationen, Berlin 2010

Lüttenberg/Ferrari/Ach (Hg.), Im Dienste der Schönheit? Interdisziplinäre Perspektiven auf die Ästhetische Chirurgie, Berlin-Münster-Wien-Zürich-London 2011

Müller, Anspruch des gesetzlich Versicherten auf Leistungen der plastischen Chirurgie, Hamburg 2011

Schmitt, Das österreichische ÄsthOpG als Vorbild für Deutschland? Eine vergleichende Untersuchung zu rechtlichen Anforderungen an die Durchführung von ästhetischen Behandlungen, München 2019

Schwenzfeier, Die kollisionsrechtliche Anknüpfung des Behandlungsverhältnisses im Rahmen einer kosmetischen Operation. Der Patient als Verbraucher? Hamburg 2011

Sternberg-Lieben/Reichmann, Zur Vorsatzstrafbarkeit eines Schönheitschirurgen nach gravierendem Fehlverhalten, MedR 2012/2, 97

Stichwortverzeichnis